FALTPLAN

»Schreiben Sie uns!

Wir hoffen, dass Ihnen dieser Reiseführer gefällt und er Ihnen ein guter Begleiter auf einer außergewöhnlichen und spannenden Reise ist.

Weil ein Reiseführer von Erfahrungen lebt, sind wir an Ihren Erlebnissen interessiert: Haben Sie im Buch ein Restaurant entdeckt, das es nicht mehr gibt, eine Sehenswürdigkeit, die wir noch nicht aufgeführt haben, oder eine falsche Adresse? Dann schreiben Sie uns!

Wir nehmen jeden Hinweis und jede Kritik ernst und arbeiten kontinuierlich daran, die Bücher aktuell zu halten und immer weiter zu verbessern. Auch wenn wir nicht jeden Wunsch erfüllen können, machen wir uns immer Gedanken über Ihre Anmerkungen.

Schreiben Sie an: info@reise-know-how.de oder Reise Know-How Verlag Peter Rump GmbH, Postfach 140666, 33626 Bielefeld

Wenn sich Ihre Infos direkt auf das Buch beziehen, bitten wir um die Angabe der Seitenzahl und der Auflagennummer bzw. des Erscheinungsjahres. Besonders hilfreiche Beiträge belohnen wir mit einem Sprachführer Ihrer Wahl aus unserer „Kauderwelsch"-Reihe.

Herzlichen Dank und gute Reisen
Ihr Reise Know-How Verlag

Diesem Buch wurde hier ein herausnehmbarer Faltplan beigefügt.
Sollte er beim Erwerb des Buches nicht mehr vorhanden sein, fragen Sie bitte bei Ihrem Buchhändler nach.

Liebe Leserin, lieber Leser,

ein unabhängiger Verlag für unabhängig Reisende – das sind wir, der Reise Know-How Verlag aus Bielefeld, eines der letzten Familienunternehmen in der Branche. Obwohl wir zu den größten Reiseführerverlagen Deutschlands gehören, ist der familiäre Umgang miteinander in allen Bereichen des Verlagslebens zu spüren: In der Geschäftsführung in zweiter Generation, in einer wertschätzenden Arbeitsatmosphäre, in der Nähe zu unseren frei arbeitenden Autorinnen und Autoren, im engen Austausch mit unseren Leserinnen und Lesern – und auch in der Zusammenarbeit mit Druckereien in Deutschland, in denen wir ausschließlich und regional unsere Bücher produzieren. Die sollen schließlich erst mit Ihnen auf große Reise gehen.

Alles, was wir in unsere Bücher und Landkarten stecken, soll Ihnen eines ermöglichen: Auf Ihre ganz eigene, individuelle Weise die Welt zu entdecken. Wir wünschen Ihnen viel Freude und unvergessliche Erlebnisse mit diesem Reiseführer.

Es grüßen herzlich
Peter Rump & Wayan Rump

Weiße Stadt am blauen Meer

Cádiz, die älteste Stadt Spaniens, liegt wie eine große, weiße Schönheit im Meer und ist nur über eine schmale Landzunge mit dem Festland verbunden. Aus der Ferne betrachtet, vor allem vom Wasser aus, erstrahlt Cádiz hell, die zumeist niedrigen Häuser werfen nur wenige dunkle Schatten. Erhaben recken sich die vielen Türme der Stadt (s. S. 32) in den Himmel, erbaut von reichen Kaufleuten, die ihren Blick beständig aufs Meer richteten, um schon frühzeitig von der Rückkehr ihrer Schiffe zu erfahren. Auch die gelbliche Kuppel der altehrwürdigen Kathedrale 13 überragt Cádiz, sie ist zugleich ein guter Orientierungspunkt in der Altstadt. Vereinzelte Farbkleckse sieht man hier und da, etwa den hellen Sand des Stadtstrandes Playa de la Caleta [D4] oder die roten Farbtupfer der Bougainvilleen an der Alameda Apodaca 26. Am Rande der Altstadt liegt der Hafen, früher ein Ort des Fernwehs und des Aufbruchs in fremde Welten und zugleich ein Einfallstor, durch das verlockend duftende Waren nach Spanien kamen: Kaffee aus Brasilien oder Tabak aus Cuba zum Beispiel.

Cádiz besitzt auch einen Hauch Orient, den man bei einem Spaziergang durch die engen Altstadtgassen spüren kann. In dieses Gewirr muss man eintauchen und sich treiben lassen. Kleine Geschäfte gibt es hier, uralte Weinbars und Cafés, in denen die Zeit still zu stehen scheint. Die Menschen haben Zeit, sie plaudern, trinken in Ruhe einen Kaffee und kaufen in der quirligen Markthalle 16 oder auf der ebenso lebhaften Plaza de las Flores 15 ein. Überall blüht das Leben, aber es herrscht kaum Hektik. Viel gibt es zu sehen, zu entdecken. Cádiz muss man sich erlaufen, aber ein Terrassenlokal zum entspannenden Pausieren und Staunen findet sich immer.

Der Autor und die Fotografin

Hans-Jürgen Fründt kam 1975 erstmals nach Spanien, aber erst einige Jahre später nach Cádiz. Seitdem kehrte er immer wieder hierher zurück, denn diese angenehme Stadt am Meer hat es dem Autor, dessen Heimat Schleswig-Holstein ebenfalls vom Meer umschlungen ist, ganz besonders angetan. 1984 ging Fründt als Sprachstudent nach Madrid, seitdem spricht er fließend Spanisch und schreibt Reiseführer, u. a. über die Iberische Halbinsel. Mittlerweile sind rund 25 Titel zu zahlreichen Zielen in Spanien entstanden, das er mittlerweile als seine „zweite Heimat" bezeichnet, außerdem weitere 20 Bände zu seiner ersten Heimat Schleswig-Holstein.

Susanne Muxfeldt begleitet den Autor seit vielen Jahren fotografisch. So hat sich eine produktive Arbeitsteilung ergeben: Während der Autor tagsüber mit Block und Diktiergerät die Fakten sammelt, sucht sie das frühe oder späte Licht für ein gelungenes Foto.

001ca-sm

CITY|TRIP

CÁDIZ

Inhalt

Cleveres Nummernsystem

Die Sehenswürdigkeiten sind im Text und im Kartenmaterial mit derselben **magentafarbenen ovalen Nummer** ❶ markiert. Alle anderen Lokalitäten wie Geschäfte, Restaurants usw. tragen ein **Symbol und eine fortlaufende rote Nummer** (1). Die Liste aller Orte und die Zeichenerklärung befinden sich im Anhang.

🦋 Der Schmetterling ...

... zeigt an, wo man Angebote im Bereich des nachhaltigen Tourismus findet.

Bewertung der Sehenswürdigkeiten

★★★ nicht verpassen
★★ besonders sehenswert
★ wichtig für speziell interessierte Besucher

Planquadrat im Kartenmaterial

[A1] Orte ohne diese Angabe liegen außerhalb unserer Karten. Ihre Lage kann aber wie die aller Ortsmarken mithilfe der begleitenden Web-App angezeigt werden (s. Anhang).

Updates zum Buch

www.reise-know-how.de/citytrip/cadiz23

Vorwahlen

- **Spanien:** 0034 (dann die neunstellige Teilnehmernummer)
- **Deutschland:** 0049
- **Österreich:** 0043
- **Schweiz:** 0041

Abkürzungen

Folgenden Abkürzungen begegnen Besucher auf Stadtplänen oder im Alltag:

Pl., Plz., Pza.	*plaza* (Platz)
c/	*calle* (Straße)
P°	*paseo* (Promenade)
Av., Avda.	*avenida* (Allee, Chaussee)
Ctra.	*carretera* (Land-/Fernstraße)
s/n	*sin número* (ohne Nummer; die Angabe steht dann, wenn die Hausnummer überflüssig ist)
C/Sr.	*caballero/señor* (Mann, an Toilettentüren)
D/Sra.	*dama/señora* (Frau, an Toilettentüren)
I.V.A.	*impustos sobre el valor añadido* (Mehrwertsteuer, steht auf Rechnungen)

☒ Das schmucke weiße Rathaus von Cádiz steht an der Plaza de San Juan de Dios ❼ (002ca-sm)

CADIZ A MORET

NICHT VERPASSEN!

7 Plaza de San Juan de Dios [H4]

Der Hauptplatz der Stadt: groß, frei, von eleganten Häusern und Terrassenlokalen gesäumt, ein Wasserlauf plätschert beruhigend in der Mitte (s. S. 21).

9 Teatro Romano (Römisches Theater) [H4]

Mitten in der Altstadt stehen die Reste des Römischen Theaters. Die schiere Größe und frühere Pracht lässt sich mehr erahnen als erkennen, denn knapp die Hälfte des Baus ist heute verschwunden (s. S. 23).

13 Catedral de Cádiz [H4]

Mächtig sollte sie werden und groß. So groß, dass sie weithin sichtbar war. Das gelang – die beiden Türme und die markante Kuppel sieht man schon von Weitem. Und ganz oben vom Kirchturm genießt man einen famosen Fernblick (s. S. 26).

15 Plaza de las Flores [G3]

Groß ist er nicht, der „Blumenplatz", aber voller Leben! Im Zentrum werden Blumen verkauft, die so zauberhaft drapiert sind, dass man kaum daran vorbeigehen kann. Am Rande des Platzes warten Lokale auf Flaneure – hier speist man mit Flair (s. S. 29).

16 Markthalle Mercado Central [G3]

An über 170 Verkaufsständen wird so ziemlich alles verkauft, was Äcker, Weiden, Meer und Wälder hergeben. Rings um den Markt locken eine Vielzahl von Tapasbars und Restaurants (s. S. 30).

17 Turm Torre Tavira [G3]

Von dem mit 34 Metern höchsten Turm der Stadt überblickt man praktisch ganz Cádiz bis weit aufs Meer hinaus. Obendrein gibt es hier eine Camera obscura, die seitenverkehrte Livebilder von der Straße ins Turminnere projiziert (s. S. 32).

22 Barrio de la Viña [E4]

Das Barrio de la Viña ist ein authentisches, uriges und behagliches Viertel inmitten der Altstadt. Wenn die Lokalbesitzer Tische und Stühle auf die Straße stellen, verwandelt sich die calle Virgen de la Palma regelmäßig in eine lange Freiluftafel (s. S. 37)!

003ca-sm

Willkommen in Cádiz

Cádiz liegt beinahe wie eine **Insel** im Meer, es ist dem Festland vorgelagert und auf drei Seiten von Wasser umgeben. Die Zufahrt ins Stadtzentrum erfolgt über eine etwa drei Kilometer lange, stur geradeaus führende Straße, deren Name mehrfach wechselt. Sie verläuft entlang der **Landenge,** die Cádiz mit dem Festland verbindet, auf Spanisch auch *istmo* genannt, **Isthmus.** Entlang der Zufahrtsstraße erstreckt sich der moderne Teil der Stadt, die **Neustadt** von Cádiz: Hochhäuser, Bürogebäude und Wohnblocks, Hotels, Schulen, Geschäfte und Kaufhäuser.

Die kompakte **Altstadt** von Cádiz beginnt unmittelbar hinter dem gewaltigen Stadttor Puerta de la Tierra ❶ – hier finden sich sämtliche **Sehenswürdigkeiten.** Unübersehbar erhebt sich die mächtige Kathedrale ⓭ mit ihrer gelben Kuppel und den beiden Türmen aus dem Häusermeer. Auch der höchste Turm, der Torre Tavira ⓱, ist ein markanter touristischer Fixpunkt.

Viele Straßen, Gassen und Wege der Altstadt sind zu schmal für den **Autoverkehr** – so ist entspanntes Flanieren garantiert. Die Distanzen sind überschaubar, lediglich die Attraktionen in den Randgebieten erfordern einen etwas längeren **Fußmarsch,** denn auch **Busse** (s. S. 128) können nicht durch die Innenstadt rollen – sie befahren nur den äußeren Straßenring. Also heißt es: eintauchen in die Altstadt und sich ein wenig treiben lassen, ansonsten hilft der Stadtplan dieses Buches bei der Orientierung.

◁ *Vorseite: Blick über die Dächer der Stadt auf die mächtige Kathedrale* ⓭

Cádiz wird von vielen **Tagesgästen** besucht, sei es als Passagier eines der vielen **Kreuzfahrtschiffe** (s. S. 112) oder im Rahmen eines **Badeurlaubs** an einem der unzähligen schönen Strände im südlichen **Andalusien.**

Selten findet man eine Stadt, die man als Kurzzeitbesucher derart **einfach erkunden** kann wie Cádiz und wo man sich so rasch und leicht orientieren kann. Sowohl vom **Hafen** (s. S. 105), wo die fast täglich einlaufenden Kreuzfahrtschiffe ankern, als auch vom **Bahnhof** (s. S. 111) oder dem nebenan liegenden **Busterminal** kommend, überquert man nur eine breite Straße und schon taucht man in die Altstadt ein.

Auch wer **mit dem Auto** kommt, kann sich schnell orientieren: Sobald man über die bereits erwähnte Zufahrtsstraße die Neustadt durchquert und das Stadttor Puerta de la Tierra als Orientierungspunkt für den Beginn der Altstadt passiert hat, heißt es: **Parkplatz** suchen und zu Fuß weiter (Empfehlungen auf S. 113). Die Altstadt selbst sollte man nicht mit dem Auto befahren.

Im Anschluss kann man dem in diesem Buch vorgestellten **Stadtspaziergang** (s. S. 12) folgen oder sich auf eigene Faust durch die Gassen treiben lassen – die wichtigsten **Sehenswürdigkeiten** sind vielfach **ausgeschildert.**

Im Umfeld der hoch aufragenden Kathedrale finden **Geschichtsinteressierte** reizvolle historische Attraktionen wie die Alte Kathedrale ⓫, das Museo Catedrálico ⓬, das Teatro Romano ❾ und die Kirche Iglesia de Santiago ⓮.

Rund um den bezaubernden „Blumenplatz“, die Plaza de las Flores ⓯, und die nur 100 Meter entfernte große Markthalle namens Mercado Cen-

070ca-sm

tral 16 geht es besonders quirlig zu – hier werden angesichts zahlloser Tapasbars und Restaurants vor allem **Kulinarikfans** fündig. Etwas ruhiger wird es, wenn man vom Blumenplatz gen Nordosten in die calle Columela [G3–H2] geht. Hier und in der kreuzenden Fußgängerzone calle Ancha 28 gibt es viele kleine Geschäfte, ideal für **Shoppingbegeisterte.** Noch ein Stückchen weiter in Richtung Hafen kreuzt man weitere interessante Straßen, etwa die calle Rosario mit Läden, Bars und Kirchen oder die calle San Francisco [beide G2–H3], die ebenfalls von Geschäften gesäumt ist.

Strand- und Badeliebhaber begeben sich zur Playa de la Caleta [D4] gleich am westlichen Rand der Altstadt, während sich der kilometerlange zweite Strand außerhalb der Altstadt erstreckt, was einen längeren Fußmarsch oder eine Busfahrt erfordert (Details s. S. 52).

Mein Tipp

Cádiz von oben

Vor allem von zwei Punkten kann man einen **schönen Rundumblick** über die Dächer von Cádiz genießen: von einem der **Türme der Kathedrale** 13, dem **Torre del Reloj,** und vom **Torre Tavira** 17 aus. Allerdings ist der Zugang bei beiden nicht kostenlos. Und sicher ist es auch etwas mühsam, die vielen Stufen hinaufzusteigen, allerdings wird man auf beiden Türmen mit einer tadellosen Panoramasicht belohnt, die weit über das Meer reicht.

Mit seinen zahllosen Blumenständen macht der „Blumenplatz“, die Plaza de las Flores 15, seinem Namen alle Ehre

Kurztrip nach Cádiz

Erster Tag

Der erste Tag lässt sich sehr gut zur generellen Erkundung der Altstadt nutzen. Dabei hilft der in diesem Buch vorgestellte **Stadtspaziergang** (s. S. 12).

Den besten Kaffee der Stadt soll es angeblich in der kleinen Bar **Brim** (s. S. 83) geben. Wer gemütlich in den Tag starten möchte, kann dies im **El Café de Ana** (s. S. 84) tun, das in einer Seitenstraße nordwestlich der markanten Plaza de San Juan de Dios 7 gelegen ist – dieser große Platz ist auch der Ausgangspunkt des Stadtspaziergangs. Wer typisch spanische *churros* probieren möchte, geht ins **Café la Marina** (s. S. 84) an der Plaza de las Flores 15.

Für abends gibt es je nach Gusto verschiedene Möglichkeiten: Urig ist die **Taberna La Bombilla** (s. S. 85) direkt neben der Markthalle, rustikal mit viel Stierkampf-Dekoration präsentiert sich das Restaurant **Casa Manteca** (s. S. 84). Fans von frittiertem Fisch sollten die **Freiduría Las Flores** (s. S. 83) an der Plaza de las Flores in Erwägung ziehen und wer Fleisch vom Iberischen Schwein probieren möchte, dem sei ein Besuch im Lokal **Casa Lazo** (s. S. 82) ans Herz gelegt.

Zweiter Tag

Für den zweiten Tag bietet sich zunächst ein **Spaziergang entlang der pittoresken Küstenlinie** an, die einmal außen um die Altstadt herumführt. Dabei erkundet man sowohl die wuchtigen Verteidigungswälle und zwei Festungen, flaniert aber auch durch lauschige Grünanlagen.

Beginnen könnte man die Altstadtumrundung an der **Flanierstraße Alameda Apodaca** 26. Dort stehen noch einige Kanonen, die bedrohlich aufs Meer gerichtet sind, allerdings nur als historische Kulisse. Ansonsten bietet sich ein friedliches Bild, das von der hiesigen beschaulichen Grünanlage geprägt ist. Wendet man sich nun nach links, erreicht man nach wenigen Schritten den vielleicht schönsten Park der Stadt, den **Parque Genovés** 25, eine grüne Lunge unmittelbar am Meer. Weiter geht es entlang der Küste zur früheren Festung **Castillo de Santa Catalina** 24, die heute Raum für Ausstellungen und Kleinkunst bietet. Das Fort flankiert den kleinen Stadtstrand **Playa de la Cale-**

006ca-sm

Eine der unzähligen engen Gassen in der Altstadt

Fröhliche Herrenrunde beim Karneval in Cádiz (s. S. 91)

Das gibt es nur in Cádiz

- Dass **eine ganze Stadt fast wie eine Insel im Meer liegt,** ist eine Besonderheit, nicht nur in Spanien. Die Altstadt war einst tatsächlich eine Insel und ist noch heute an drei Seiten vom Meer umgeben – die vierte Seite ist eine bebaute Landverbindung, der sogenannte Isthmus (s. S. 96).
- Am Aschermittwoch ist noch lange nicht Schluss – jedenfalls nicht beim **Karneval in Cádiz** (s. S. 91)! Er wird nicht nur länger gefeiert als anderswo, er beginnt auch früher und, so wird jedenfalls behauptet, er wird intensiver, fröhlicher und mit mehr Begeisterung gefeiert als in anderen spanischen Städten, mit Ausnahme vielleicht von Teneriffa. Und er gilt auch als ältester Karneval Spaniens: Bereits im 16. Jh. sollen die Bewohner hier Karneval gefeiert haben, nachdem Kaufleute aus Genua diese Tradition nach Cádiz gebracht hatten.
- **Eine Stadt voller Türme:** Wer beim Schlendern durch die Altstadt nach oben schaut, entdeckt sie mit Sicherheit, die quadratischen Türme auf den Dächern der Häuser (s. S. 32). Um die 130 sollen es heute noch sein. Früher saßen hier die reichen Kaufleute und blickten neugierig-bangend aufs Meer hinaus, in Erwartung „ihres" Schiffes – hoffentlich reich beladen mit wertvollen Gütern. Am Abend konnte man hier ganz entspannt bei einem Glas Wein sitzen, abseits vom Straßenlärm.
- In Cádiz sind **zwei reguläre Fähren** in das Netz des öffentlichen Nahverkehrs integriert, was zumindest in Spanien einzigartig ist. Die Fähren queren die Bucht von Cádiz hinüber nach Rota und El Puerto de Santa María (s. S. 129) – so ersparen sich Fahrgäste einen riesigen Umweg über Land.

005ca-hj

ta [D4], auf der anderen Strandseite reckt sich die zweite Festung von Cádiz, das **Castillo de San Sebastián** ㉓, weit ins Meer.

Wer so weit gelaufen ist, hat sich wahrlich eine **Pause** verdient. Direkt am Strand gibt es ein einfaches, rustikales Fischrestaurant namens **Bar Club Caleta**, an der Hauptstraße am Strand lockt außerdem das Terrassenlokal **Quilla** (beide s. S. 83). Wer die feine Küche schätzt, geht noch ein paar Schritte gen Osten in die Altstadt und erreicht so das **El Faro de Cádiz** (s. S. 82).

Und danach vielleicht eine **Siesta am Strand?** Dafür läuft man entweder zurück zur Playa de la Caleta oder sucht die großzügigen, einladenden Strandbereiche etwas außerhalb der City auf. Der Strandabschnitt **Playa de Santa María del Mar** [bf] beginnt gleich beim **Stadttor Puerta de la Tierra** ❶, ist also auch in rund 30 Min. zu Fuß erreichbar. Da sich der Strandbereich aber über mehrere Kilometer hinzieht und gerade in den hinteren Bereichen auf gute 100 Meter Breite anwächst, lohnt es sich, einen Teil der Strecke mit dem **Bus** zurückzulegen (Linie 1 oder 7, Details s. S. 52). Egal, wo man aussteigt, der attraktive Strand lädt überall zum Entspannen ein. Wen der Hunger plagt, der findet hier überall **Strandbistros**, auch die typisch andalusischen **Chiringuitos** (s. S. 50).

Stadtspaziergang

Dieser Stadtspaziergang umfasst eine Strecke von etwa 4,6 km und dauert ohne Pausen und Museumsbesuche ca. 2 Std. Den **Ausgangspunkt** bildet die **Plaza de San Juan de Dios** ❼, ein zentraler, zum Meer hin offener Platz gegenüber dem Hafen von Cádiz (s. S. 105). Los geht es etwa auf Höhe des kleinen **Springbrunnens.** Zunächst überquert man den Platz vom Meer weg in südwestliche Richtung und passiert dabei die Statue von Segismundo Moret. Am anderen Ende des Platzes leuchtet das helle Gebäude des **Rathauses**

Mal eben surfen in der Mittagspause – das geht in Cádiz

(**Ayuntamiento**). Rechts davon zweigt eine schmale Fußgängerstraße ab, die calle San Antonio Abad, in der sich einige Bars befinden. Am oberen Ende der Straße biegt man rechts in die schmale Gasse calle Mesón ab, in der sich unter Hausnr. 13 der Zugang zum **Teatro Romano** 9 befindet.

Ein kleines Stück weiter knickt die Gasse nach rechts ab und man passiert ein vergittertes, noch engeres Gässlein, die **callejón del Duende**, die **schmalste Gasse der Stadt**, mit der mehrere Legenden verknüpft sind (s. S. 24).

Einige Schritte weiter steht der auffällige Stadtpalast **Casa del Almirante** mit seinen markanten Säulen aus dem späten 17. Jh. Anschließend biegt man links ab und spaziert geradeaus durch den Torbogen **Arco de la Rosa**. Dahinter öffnet sich die **Plaza de la Catedral**, der Vorplatz der **Kathedrale** 13, auf dem mehrere **Terrassenlokale** auf Gäste warten. Das quirlige Treiben hier ist beeindruckend, auch die schiere Größe der Kathedrale muss man erst einmal auf sich wirken lassen. Weiter geht es über die Plaza de Catedral und rechts an der Kirche **Iglesia de Santiago** 14 vorbei in die **calle Compañía** [G4]. In der engen Fußgängergasse herrscht meist viel Betrieb: Kunden besuchen die vielen kleinen Geschäfte und Bars, man guckt, staunt, trifft sich und plaudert, der Fußgängerverkehr staut sich, man kommt meist nicht so flott voran. Aber das ist auch gar nicht nötig, denn es gibt viel zu schauen. Schließlich erreicht man den schmucken, offenen Platz **Plaza de las Flores** 15 mit den Verkaufsständen der Blumenhändler und einigen angrenzenden Lokalen. Wer sich eine Verschnaufpause gönnen möchte, besucht hier das **Café La Marina** (s. S. 84) oder die beliebte **Freiduría Las Flores** (s. S. 83).

Man quert den Platz, hält sich leicht links und passiert das auffällige Gebäude der **Hauptpost** (Correos, s. S. 121) mit der markanten, großen Uhr. Hier, am Standort der großen **Markthalle** (**Mercado Central**) 16, setzt sich das quirlige Treiben fort. Einen Blick hineinzuwerfen und das vielfältige Angebot der Händler zu bestaunen, lohnt sich allemal. Vor der Markthalle stehen einige Kioske und sowohl im Markt als auch rechts und links des Gebäudes buhlen etliche Restaurants und Bars um Gäste, praktisch alle mit Tischen vor der Tür – ideal für ein **Mittagessen**.

Routenverlauf im Stadtplan
Der hier beschriebene Spaziergang ist mit einer farbigen Linie im Stadtplan eingezeichnet.

011ca-sm

Das imposante Gebäude der Hauptpost an der Plaza de las Flores 15

Gegenüber der Markthalle beginnt die leicht ansteigende Straße **calle Alcalá Galiano** [G3], die man etwa 100 m bis zur **calle Sacramento** hinaufgeht, dort biegt man links ab. Diese Straße führt am **Torre Tavira** 17 vorbei, dem höchsten Turm der Stadt, der sich besichtigen lässt. Die calle Sacramento verläuft durch eine Mischung aus Wohn- und Geschäftsviertel (man kann nur staunen, was hier alles verkauft wird!) mit einigen Bars, hier sind deutlich weniger Fußgänger unterwegs. Vereinzelt fahren auch Autos durch die enge Gasse. Schließlich biegen wir links in die **calle Sagasta** [F3] ein, eine Straße, die beinahe durch das gesamte Altstadtviertel von Cádiz verläuft. Einige Häuser sind schick renoviert, andere sehen dagegen schon etwas betagt aus. Die Menschen hier kennen sich, grüßen einander und haben stets Zeit für einen Schwatz. Auch Besucher schalten automatisch einen Gang runter und haben so Gelegenheit, das eine oder andere bauliche Detail zu entdecken. Den touristischen Rummel hat man hier jedenfalls hinter sich gelassen.

Nach ca. 300 m biegt man rechts in die **calle José Cubiles** [F4] ab, nimmt die zweite Abzweigung links, die calle Virgen de las Penas, bis man 100 Meter weiter die von Palmen gesäumte **calle Virgen de la Palma** [E–F4] im pittoresken Stadtviertel **Barrio de la Viña** 22 erreicht. Wer hier zur spanischen Mittagszeit (ab ca. 14/15 Uhr) auftaucht, der kann ein einzigartiges Schauspiel erleben: Sobald die Restaurantbesitzer ihre Tische und Stühle auf das Pflaster stellen, verwandelt sich die gesamte Straße in eine einzige **„Fressmeile"** (s. S. 84). Dann gibt es kein Durchkommen mehr und man erlebt ein uriges, geselliges Mittagessen unter Palmen. Wer hier einen Platz ergattert hat, mag gar nicht mehr aufstehen, aber dieser Spaziergang ist noch nicht zu Ende. Man folgt also der Straße ans westliche Ende, wo man einen etwas nüchternen, offenen Platz mit Zweckbauten erreicht. Nachdem man die viel befahrene Avenida Duque de Najera überquert hat, gelangt man zum **Stadtstrand Playa de la Caleta** [D4]. Zentraler Blickfang ist das auffällige, weiße Gebäude auf Holzpfeilern, das **Balneario de la Palma** (s. S. 49) aus dem Jahr 1926, das man passiert, indem man dem breiten Fußweg am Ufer entlang nach Norden folgt. So erreicht man die Festung **Castillo de Santa Catalina** 24, die sich besuchen lässt und eine herrliche Panoramasicht aufs Meer eröffnet.

Der weitere Weg führt unter Palmen etwa 200 m auf der leicht nach rechts abknickenden Straße bis zum Hotel **Parador de Cádiz** (s. S. 127), einem Zweckbau mit Holzdekor. Genau vor dem Gebäude führt ein Weg nach links zur Küste, ab dort spaziert man geruhsam am Meer entlang.

010ca-sm

So gelangt man zum **Parque Genovés** (25), einem reizvollen Stadtpark, dessen Eingang man rechts abbiegend nach Umrundung des Hotels ca. 100 Meter weiter erreicht. Nahe beim Eingang steht ein heimliches Wahrzeichen der Stadt, der **Drago Centenario**, ein vermutlich hundertjähriger **Drachenbaum**, dessen genaues Alter allerdings nicht bekannt ist. Es folgt ein entspannter Spaziergang durch den hübschen Park auf dem gut erkennbaren Weg, der auch an einer **Terrassenbar** (ideal für eine Pause!) vorbeiführt.

Man verlässt den Park durch ein schmiedeeisernes Tor auf Höhe einer Tiefgarageneinfahrt, wendet sich nach rechts und überquert die Straße Paseo Carlos III. Dann folgt man der calle Beni de Cádiz, die auf den kleinen Platz **Plaza del Mentidero** [F1–2] mündet. An dessen östlichem Ende wählt man den linken kurzen Weg durch die Straße calle Veedor und erreicht so den großen, offenen Platz **Plaza de San Antonio** (27). Dort erhebt sich die Kirche **Iglesia de San Antonio** mit ihren beiden hoch aufragenden Türmen.

Nachdem man den weiten Platz mittig überquert hat, betritt man die **Fußgängerzone** der **calle Ancha** (28), eine der schönsten Straßen der Altstadt. Links und rechts stehen schmucke Häuser mit verspieltem Dekor und vorkragenden Fenstern, teils zurückhaltende Eleganz ausstrahlend und früheren Reichtum andeutend. Im Haus Nr. 19 lebte einst der große Komponist **Manuel de Falla** (s. S. 36).

009ca-sm

Die calle San Francisco [G2–H3] wird von schmucken Häusern gesäumt

Sonnenbad am Strand mit Blick auf die alles überragende Kathedrale (13)

Die calle Ancha verzweigt sich schließlich, wir folgen dem linken Arm **calle José del Toro**. Dort gibt es überwiegend kleine Geschäfte, die Häuser sind nicht mehr ganz so elegant, haben aber gleichwohl ihren Charme.

Schließlich geht es links in die **calle Columela** [G3], eine der Haupteinkaufsstraßen der Stadt. An der nächsten Kreuzung wendet man sich nach rechts und betritt die **calle Rosario** [H3], die wieder eine Spur rustikaler und von kleinen Geschäften und Bars gesäumt ist. Sie führt direkt auf die Kirche **Parroquia de San Agustín** (35) zu, hier biegt man links ab, umrundet die Kirche und biegt gleich wieder rechts in die **calle San Francisco** ein, die über die sich anschließende **calle Nueva** zurück zur **Plaza de San Juan de Dios** führt, dem Ausgangs- und Endpunkt dieses Spaziergangs.

Altstadt

Die Altstadt von Cádiz beginnt unmittelbar hinter dem gewaltigen Stadttor Puerta de la Tierra ❶. Nur eine breite, stark befahrene Straße muss überquert werden und schon taucht man in das Gassengewirr ein. Auch vom Hafen besteht ein direkter Zugang zur Altstadt.

❶ Stadttor Puerta de la Tierra ★ [K5]

Am Ende der über den Isthmus verlaufenden Zufahrtsstraße in die Altstadt thront schon seit Jahrhunderten das Stadttor Puerta de la Tierra. Das mächtig wirkende, steinerne Tor war einst Bestandteil der wuchtigen **Stadtmauer**, die den Ort umschloss. Damals wie heute erstreckt sich nordwestlich des Tors das alte Cádiz mit seinen engen, verwinkelten Gassen und seinen historischen Gebäuden und Kirchen. Während das Tor früher die Stadt schützte, markiert es heute den Einstieg in das historische Viertel.

012ca-sm

Auf der kleinen Grünfläche südöstlich des Tors, die den Namen **Plaza de la Constitución** trägt, stehen zwei hohe **Stelen** aus Marmor mit Skulpturen der **Schutzpatrone** von Cádiz, San Servando und San Germán. Sie wurden Anfang des 18. Jh. in Genua gefertigt und blicken stadtauswärts.

Das Tor besitzt **drei Öffnungen.** Reste der Stadtmauer lassen sich noch rechts und links vom Stadttor mehr erahnen als erkennen. Ursprünglich erbaut wurde das Stadttor Mitte des 16. Jh., aber bereits 1756 musste es verstärkt werden. Zentral erhebt sich der mächtige **Wachturm** von 1850, der vom **Stadtwappen** und dem **königlichen Wappen** gekrönt wird. Früher befand sich unterhalb dieses Turms der zentrale Einlass in die Stadt, heute ist dieses Tor jedoch meist verschlossen. Der Verkehr fließt durch zwei Öffnungen links und rechts vom Hauptturm, der sich auch besichtigen lässt.

› Wachturm ganzjährig geöffnet: Mo–Fr 9.30–13.30 Uhr, April–Sept. auch 18.15–20.15 Uhr, Okt.–März auch Mo–Fr 16.30–18.30, Sa 10–13 Uhr, Eintritt frei

❷ Cárcel Real mit Kulturzentrum Casa de Iberoamérica ★★ [J5]

Das **Königliche Gefängnis** ist auf den ersten Blick ein sehr solides Gebäude direkt am Meer. Noch bis Ende des 18. Jh. befand sich das städtische Gefängnis in der Nähe des Rathauses inmitten der Altstadt. Dann aber befand man diese Situation als zu unsicher und wünschte sich ein si-

‹ Wehrhaft: das Stadttor Puerta de la Tierra

cheres Bauwerk, das nahe der Stadtmauer und damit am Ortsrand stand. Der neue Bau wurde mit einigen Verzögerungen verwirklicht und ab 1836 tatsächlich als Gefängnis genutzt. Heute erscheint es ungewöhnlich, dass ein so schönes, im **neoklassizistischen Stil** erbautes Haus eine so düstere Bestimmung hatte. Aber es blieb dabei bis 1966, danach war der Bau Sitz des Justizpalastes und dann stand er einige Jahre leer.

Seit 2012 ist der Cárcel Real Sitz des Kulturzentrums **Casa de Iberoamérica (Iberoamerikanisches Haus)**, in dem Ausstellungen, Konferenzen und kulturelle Veranstaltungen stattfinden. Würde man seine Vorgeschichte nicht kennen, wäre man vielleicht überzeugt, dass das Haus nur für derartige kulturelle Events gebaut wurde, so strahlend wirkt es heute vor der Kulisse des blauen Meeres. Schon der **imposante Eingangsbereich** mit seinen vier wuchtigen Säulen versetzt Besucher in Staunen. Im Innenbereich liegen drei größere **Innenhöfe**, um die die Ausstellungsräume angeordnet sind.

Eine **Dauerausstellung** ist dem Bildhauer **Juan Luis Vassallo** (1908–1986) aus Cádiz gewidmet, der zu den bedeutendsten Künstlern Spaniens zählt. Beispiele seiner sehr markanten Skulpturen, darunter oft Aktdarstellungen, sind hier ausgestellt. Als eine seiner bemerkenswertesten Arbeiten bezeichnen Kritiker die **Skulptur „Gades“** (so lautet der alte Name von Cádiz), die eine nackte Frau darstellt, die am Strand steht und in die Ferne schaut (vielleicht aufs Meer?). Eine Hand schirmt die Augen vor der Sonne ab, die andere ist in die Hüfte gestemmt, über dem Arm liegt ein Handtuch, das – ebenso wie das Haar – sanft vom Wind gewiegt wird. Die Skulptur versinnbildliche die Schönheit der Frauen aus Cádiz, das helle, oft gleißende Licht und den typischen Wind in der Küstenstadt, so die Kritiker. Eine **Nachbildung** der „Gades“ steht im Museo de Cádiz 30 in der Abteilung der Schönen Künste, eine weitere direkt am Strand am Paseo Marítimo etwas außerhalb des Zentrums, und noch eine am nordöstlichen Hafenrand, am Paseo Almte. Pascual Pery.

› c/ Concepción Arenal s/n, Tel. 956288296, www.casadeiberoamerica.es, geöffnet: April–Okt. Di–Sa 10–14 u. 18–21 Uhr, Nov.–März Di–Sa 10–14 u. 17–20, Eintritt: 2 €

3 Barrio de Santa María ★★★ [J4]

Santa María ist ein kleines, authentisches Viertel mit wenigen, zumeist schmalen Gassen und Straßen, die von Flamenco und Flamenco-Künstlern geprägt sind. Es liegt nahe am Meer und gegenüber vom ehemaligen Königlichen Gefängnis 2.

Santa María zählt zu den **ältesten Vierteln** *(barrios)* der Stadt, war es doch schon im 15. Jh. bewohnt, damals hauptsächlich von Fischern. Später zogen *Gitanos*, spanische Roma, hierher. Das kleine Viertel wirkt recht pittoresk und abwechslungsreich, in den Gässchen stehen schmucke Häuser neben eher unscheinbaren Bauten und überall sieht und ahnt man eine Lebendigkeit, eine nachbarschaftliche Verbundenheit, die mitunter in anderen Bereichen der Stadt fehlt.

Das Zentrum des Viertels bildet der kleine Platz **Plaza Merced**, an dem sich einst die **Markthalle** befand. Das gusseiserne Marktgebäude mit seinen großen Glasfenstern steht nach wie vor und birgt heute ein **Flamenco-Kulturzentrum**, das **Centro Municipal de Arte Flamenco la Merced.** Neben Konzerten und Unterricht finden hier auch Ausstellungen und Aufführungen zum Thema Flamenco statt.

Die Eisenkonstruktion der Markthalle entstand Ende des 19. Jh. und trägt die Handschrift von **Gustave Eiffel**, dem Erbauer des Pariser Eiffelturms. Ursprünglich stand sie im Parque Genovés 25 und diente dort als Freilufttheater, wurde aber später abmontiert und auf den Plaza Merced versetzt, wo sie ab 1930 die Markthalle beherbergte.

Vor dem Gebäude erinnert eine **Skulptur** an den hier im Viertel geborenen Flamenco-Sänger **Chano Lobato** (1927–2009), einen der bekanntesten und erfolgreichsten Spaniens. Die Skulptur zeigt ihn singend auf einem Stuhl sitzend. Zwei weitere Skulpturen ehren Flamenco-Künstlerinnen, die ebenfalls aus diesem Viertel stammen: **Mariana Cornejo** (1947–2013) und **Conchita Aranda Fosa** (1931–2020).

Ganz in der Nähe des Kulturzentrums steht die kleine Kirche des Viertels, die **Iglesia de Nuestra Señora de la Merced**, gewidmet der Kopatronin von Cádiz. Die Kirche war früher Teil eines Konvents aus dem 17. Jh. und wirkt heute etwas schlicht. Allerdings erlitt sie mehrfach schwere Beschädigungen, im Originalzustand sind nur der viereckige Turm und Teile des Portals erhalten.

Ebenfalls zum Viertel Santa María zählt die Gasse **calle Plocia**, in der sich heute ein **Terrassenlokal** neben dem nächsten befindet und wo man sehr nett unter Bäumen sitzen kann. Hier wird einer weiteren Flamencolegende aus dem Viertel gedacht: **La Perla de Cádiz** („Die Perle von Cádiz"), wie die in Cádiz geborene und hier auch verstorbene **Antonia Gilabert Vargas** (1924–1975) genannt wurde. Sie war eine großartige Flamenco-Sängerin, für viele die beste überhaupt. Eine liebevoll gestaltete Skulptur steht am südöstlichen Ende der calle Plocia unmittelbar vor den Stufen, die hinauf zur Kirche Iglesia Conventual de Santo Domingo 5 führen – nie fehlt eine Blume in ihrer ausgestreckten Hand.

› **Centro Municipal de Arte Flamenco la Merced,** Plaza de la Merced, Tel. 956285189, www.cadizesflamenco.com, geöffnet: Sommer Mo–Fr 11–14 u. 18–21, Sa 11–15 Uhr, Winter Mo–Fr 10–22, Sa 10–15 Uhr, meist geringer Eintrittspreis

MEIN TIPP

Flamenco- und Stierkämpfer-Familien

Vom früheren **Königlichen Gefängnis (Cárcel Real)** 2 kommend, geht man eine **Freitreppe** ins Viertel **Barrio de Santa María** 3 hinunter. Rechts von der Treppe an der Wand befindet sich etwas versteckt eine große **Ahnentafel** zweier Gitano-Familien aus dem Viertel, in deren weitverzweigten familiären Ästen jede Menge Flamenco-Sänger und -Tänzer sowie Stierkämpfer aufgelistet sind.

4 Iglesia de Santa María ★ [J4]

Das Kloster der hl. Maria wurde 1527 vom **Franziskanerorden** gegründet und ist damit das älteste der Stadt. Beim englisch-niederländischen Angriff auf Cádiz im Jahr 1596 wurde das Gebäude zerstört und im 17. Jh. neu errichtet. Das Kloster besitzt einen reizvollen **Kreuzgang** mit zwei Ebenen und eine einschiffige **Klosterkirche** in Form eines lateinischen Kreuzes. Der vergoldete barocke Hauptaltar stammt aus dem Jahr 1765. Im Zentrum befand sich ursprünglich ein Bildnis Marias, das aber 1936 zerstört wurde.

In einer Seitenkapelle findet sich ein **Bildnis von Jesus** aus dem Jahr 1757, das zu den beliebtesten Heiligenbildnissen der Bevölkerung dieses Viertels zählt. Ungewöhnlich ist, dass das Bild mit **Delfter Kacheln** geschmückt wurde.

› c/ Santa María 14, geöffnet: Fr 8–14 u. 17–22 Uhr

5 Iglesia Conventual de Santo Domingo ★★ [J4]

Vom Stadttor Puerta de la Tierra 1 führt die breite Straße Cuesta de las Calesas in einer weit geschwungenen Kurve leicht bergab zur **Plaza de Sevilla.** Vor diesem Platz öffnet sich der **Hafen,** wo u.a. die kleine Fähre durch die Bucht von Cádiz zum Nachbarort El Puerto de Santa María ablegt (s. S. 54). Außerdem liegt hier in Sichtweite der große **Bahnhof** von Cádiz und dahinter, etwas versteckt, der zentrale Busterminal.

Ebenso steht hier das barocke Kloster **Convento de Santo Domingo.** Eine lokale Niederlassung des Dominikanerordens wurde 1639 gegründet, aber mit dem Bau des Klosters begann man erst 1645. Die dreischiffige **Klosterkirche** selbst stammt aus dem Jahr 1666. Der Konvent erlangte rasch einen guten Ruf, hatte viele Studenten und besaß eine große Bibliothek, die jedoch mittlerweile nicht mehr existiert. 1936 erlitt das Gebäude infolge eines Brandes große Schäden, es wurde danach aber wieder aufgebaut.

Noch heute existiert ein schöner **barocker Kreuzgang,** dessen Stelen aus Toskana-Marmor geschaffen sind. Der achteckige **Glockenturm** ruht auf einer viereckigen Basis, was optisch etwas ungewohnt wirkt. Der **Innenraum** der Kirche ist sehr hell gestaltet und mit weißen Stuckarbeiten geschmückt. Blickfang ist der opulente Hauptaltar aus genuesischem Marmor von 1691. Er zählt zu den schönsten Werken des spanischen Barocks. In einer Seitenkapelle steht das Bildnis der **Virgen del Rosario** (Jungfrau vom Rosenkranz), der **Schutzpatronin von Cádiz.** Das Kunstwerk wurde von Fernández Andes geschaffen, nachdem das Original 1936 beim Brand zerstört wurde. Die Kanzel ist aus Holz mit Intarsien aus Marmor gefertigt.

› c/ Santo Domingo 2, geöffnet: tägl. 9.45–13 u. 18.30–21.30 Uhr, Eintritt frei

6 Palacio de Congresos (Kongresspalast) ★ [J4]

Unmittelbar beim Platz Plaza de Sevilla steht der mit roten Ziegeln erbaute Palacio de Congresos, ursprünglich im **Neomudéjarstil** (s. S. 25) errichtet und 1883 umgestaltet, sodass er sein heutiges Aussehen erhielt.

In dem Bau war lange Jahre eine **Tabakfabrik** untergebracht, die bereits 1741 gegründet worden war. **Zwei Frauenskulpturen** vor dem Gebäude, eine sitzend, die andere stehend, erinnern an die Zigarrendreherinnen, die hier einst arbeiteten. Zur Hochphase sollen über 500 Menschen in der Tabakfabrik beschäftigt gewesen sein, sie war damit der größte Arbeitgeber in Cádiz. Der hoch aufragende Schornstein war weithin sichtbar und die Sirenen, die die Menschen zur Arbeit riefen, konnte man ebenfalls in der halben Stadt hören. Die Fabrik stand unweit des 1861

Kolumbus „entdeckte“ Amerika auch von Cádiz aus

An der linken Hausseite des Rathauses auf der Plaza de San Juan de Dios 7 klebt etwas unscheinbar eine Tafel, die übersetzt Folgendes sagt: „Am 25. September 1493 brach Kolumbus von Cádiz zu seiner zweiten Entdeckungsreise nach Amerika auf und brachte Kultur und Evangelium in die Neue Welt“. Das darf man wohl getrost beschönigend nennen.

Christoph Kolumbus (um 1451–1506) reiste insgesamt viermal von Spanien nach Amerika. Seine erste Reise startete er am 3. August 1492 mit drei Schiffen von Palos de la Frontera, einem kleinen Ort bei Huelva, vielleicht 100 km westlich von Cádiz. Nach einigen Mühen und gegen die immer stärker werdenden Zweifel der Mannschaft wurde schließlich am 12. Oktober 1492 Land entdeckt. Wie sich später herausstellte, war es eine kleine Karibikinsel. Das Datum 12. Oktober wird in Spanien noch heute groß gefeiert. Lange Zeit hieß der Gedenktag Día de la Hispanidad („Tag der Hispanität“), eine Art verbindender Tag der gesamten spanischsprachigen Welt – was die „entdeckten“ Völker sicher anders bewerten dürften. Kurze Zeit nach der ersten Landnahme erreichte Kolumbus ein weiteres, deutlich größeres Eiland, das er „La Isla Española“ („Die spanische Insel“) nannte, aus der sich später Hispaniola ableitete. Heute teilen sich Haiti und die Dominikanische Republik diese Insel.

065wp

Am 16. Januar 1493 trat Kolumbus mit zwei Schiffen die Rückreise an, da ein Schiff verloren ging und ein Teil der Mannschaft auf Hispaniola verbleiben musste. Am 15. März erreichten die Schiffe Palos und Kolumbus zog triumphal mit großem Gefolge, darunter auch einige indigene Bewohner Hispaniolas, quer durch Spanien. Sie erreichten schließlich Barcelona, um dort von den spanischen Königen Isabella von Kastilien und Ferdinand von Aragón empfangen zu werden.

Noch im gleichen Jahr brach Kolumbus zu seiner zweiten Reise auf, diesmal mit 17 Schiffen und 1500 Mann. Diese Reise begann im Hafen von Cádiz. Zunächst entdeckten sie weitere Karibikinseln (u. a. Dominica, Guadaloupe, Antigua), dann fuhren sie nach Hispaniola zu den dort zurückgebliebenen Spaniern. Diese waren aber alle ums Leben gekommen, das primitive Fort war völlig zerstört. Kolumbus ließ daraufhin an anderer Stelle eine neue Siedlung gründen, die zu Ehren der spanischen Königin „La Isabela“ genannt wurde. Reste dieser Ursiedlung existieren noch heute in der Dominikanischen Republik. Von dort aus ließ er nach Gold suchen, was aber weitgehend erfolglos blieb. Kolumbus suchte weiter nach Land, erreichte Cuba und Puerto Rico, betrat aber auch bei dieser zweiten Reise noch nicht das amerikanische Festland (das geschah erst bei der vierten Reise). Da die Goldsuche so erfolglos war, versklavte er indigene Menschen und nahm etwa 550 mit nach Spanien. Von „Kultur und Evangelium" war wohl nicht mehr die Rede. Bei der Überfahrt verstarb etwa die Hälfte der Ureinwohner, die andere Hälfte wurde nach der Rückkehr von der spanischen Königin freigelassen und in ihre Heimat zurückgeschickt. Isabella soll über das Vorgehen von Kolumbus ziemlich erbost gewesen sein. Dennoch gestattete der Hof ihm eine dritte und später sogar eine vierte Reise.

Kolumbus' Stern begann jedoch am Königshof bereits zu sinken. Es gab massive Beschwerden über Kolumbus und dessen Bruder, der auf Hispaniola Gouverneur war. Man bezichtigte beide der Unfähigkeit und der Grausamkeit. Es gab sogar einen Gesandten des Königshauses, der die Vorwürfe vor Ort untersuchte, was dazu führte, dass Kolumbus von der dritten Reise in Ketten nach Spanien zurückkehrte. Er konnte aber erneut die Gunst des Königshofes erringen und durfte 1502 zu seiner vierten und letzten Reise aufbrechen. Dabei betrat er erstmals das amerikanische Festland (Panama, Honduras). Nach seiner Rückkehr nach Spanien lebte Kolumbus zurückgezogen und starb 1506. Bis zu seinem Tod war er der Überzeugung, den Seeweg nach Indien gefunden zu haben.

◁ *Christoph Kolumbus brach von Cádiz aus zu seiner zweiten Reise auf*

eröffneten Bahnhofs, von wo die Zigarren per Zug nach Sevilla, Madrid und in weitere wichtige Städte Spaniens transportiert wurden. Ende des 20. Jh. wurde die Tabakfabrik an den Stadtrand von Cádiz verlegt, seither wird das Gebäude als **Kongresszentrum** genutzt und lässt sich ansonsten nur von außen besichtigen. Auf die frühere Bestimmung weist noch heute eine Inschrift über dem Eingang an der Straße calle Plocia hoch oberhalb des zentralen Turms hin.

› c/ Plocia s/n

7 Plaza de San Juan de Dios ★★★ [H4]

Einer der angenehmsten und größten Plätze der Stadt ist die Plaza de San Juan de Dios, die man bald nach Passieren des Stadttors 1 erreicht. Der Platz ist nur von drei Seiten bebaut, zum Meer hin ist er offen. Nahe der offenen Seite plätschert ein Wasserlauf und es schießen regelmäßig kleine Fontänen in die Höhe, die nachts beleuchtet sind. Links und rechts des Platzes gibt es etliche Lokale, die mit Außensitzplätzen ausgestattet sind.

Heute ist kaum vorstellbar, dass die Plaza de San Juan de Dios vor langer Zeit einmal eine freie, sandige Fläche war, auf der sich die Wellen brachen und deren umliegende Häuser bei Hochwasser von **Überflutung** bedroht waren. Das wurde schließlich durch Mauern an der Flutkante unterbunden. Auf der nun geschützten Fläche etablierte sich später ein Wochenmarkt, es wurden auch Stierkämpfe abgehalten, politische Reden geschwungen und Feste gefeiert. Ab 1873 legte man im Zuge einer großen Baureform die heutige Form des Platzes fest, fertiggestellt wurde das Projekt aber erst 1929. Heute dient

der ansprechende Platz weitestgehend als **Fußgängerzone** mit Ruhebänken und dem schon erwähnten kleinen Wasserlauf, der so angenehm beruhigend vor sich hinplätschert.

Etwa mittig steht die **Statue für Segismundo Moret** (1833–1913), einem Politiker aus Cádiz, der in ziemlich stürmischen Zeiten Anfang des 20. Jh. mehrfach Ministerpräsident von Spanien war. Das Denkmal trägt die Inschrift „Cádiz a Moret" (etwa: „Von Cádiz für Moret").

Auf der Südwestseite des Platzes steht das prachtvolle, weiß gehaltene **Rathaus**, auf Spanisch **Ayuntamiento**. Es wurde in zwei Schritten erbaut, 1799 zunächst im neoklassizistischen und 1861 im isabellinischen Stil. Gekrönt wird das Gebäude von einem schmucken **Uhrenturm** oberhalb des säulengeschmückten Balkons. Die Uhr spielt stündlich eine Melodie des Komponisten **Manuel de Falla** (s. S. 36) namens „El sombrero de tres picos" („Der Dreispitz").

Gleich links vom Rathaus steht die **Kirche Capilla de San Juan de Dios** (Mo–Sa 10–13 Uhr) aus dem Jahr 1688. Sie war Teil eines nicht mehr existierenden Hospitals gleichen Namens. Im Inneren wirkt sie gedrungen und recht klein. Sie besitzt viele barocke Elemente, beispielsweise den Hauptaltar von 1688, der 1791 umgestaltet wurde.

Einer der schönsten Plätze der Stadt: die Plaza de San Juan de Dios 7

8 Barrio del Pópulo ★★ [H4]

Von der Plaza de San Juan de Dios 7 führt die verkehrsberuhigte calle Pelota zum Vorplatz der heutigen Kathedrale 13. Wenn man aber von der calle Pelota gleich wieder links abbiegt und durch den markanten **Torbogen Arco del Pópulo** [H4] geht, erreicht man ein kleines, sehr urwüchsige Viertel namens Barrio del Pópulo. Ein wenig erinnert das Quartier mit seinen engen, verwinkelten Gassen noch an die **maurische Zeit**, die Häuser präsentieren sich teils historisch-charmant, teils renovierungsbedürftig, aber alles wirkt ausgesprochen authentisch und lebendig. Die Ursprünge reichen zurück bis ins 12. Jh., es zählt damit zu den ältesten Bereichen von Cádiz.

Zu den bedeutenden historischen Bauten des Quartiers zählt der Stadtpalast **Casa del Almirante** von 1690 an der **Plazuela de San Martín**. Das „Haus des Admirals" wurde von Diego de Barrios erbaut, dem Anführer der Indienflotte, wobei mit „Indien" die damals neu entdeckten Kolonien in Mittel- und Südamerika (s. S. 102) gemeint waren, die in Spanien ursprünglich *Nuevas Indias* („Neu-Indien") genannt wurden. An diesem Haus ist vor allem das Tor auffällig, das aus zwei Teilen besteht: Der untere Bereich ist aus rotem Marmor gefertigt und wird von zwei schlichten toskanischen Säulen flankiert, darüber thront ein Balkon mit salomonischen (gewundenen) Säulen und dem Familienwappen des damaligen Besitzers.

9 Teatro Romano (Römisches Theater) ★★★ [H4]

Mitten im Barrio del Pópulo 8 stehen die Relikte des Römischen Theaters aus dem 1. Jh. v. Chr. Es wurde bis zum 3. Jh. genutzt und geriet mit dem Abzug der Römer in Vergessenheit. Ein Teil des Theaters verschwand sogar unter benachbarten Gebäuden, weil es schlicht überbaut wurde.

Die **Epoche der Römer** umspannte zwar auch in Cádiz mehrere Jahrhunderte, aber archäologische Funde aus dieser Zeit sind rar. Eine Ausnahme bildet das Römische Theater, das zu jener Zeit sehr groß gewesen sein muss.

Die Steine des Theaters wurden teilweise zum Bau anderer Gebäude genutzt, außerdem wurde eine **Fes-**

Das Römische Theater ist nur zur Hälfte sichtbar

015ca-sm

tung darüber gesetzt. Im 15. Jh. verstärkte man die Festung noch einmal und weitere historische Elemente verschwanden. Im 19. Jh. wurde das wuchtige Gebäude schließlich zerstört, aber erst um 1980 vollständig abgetragen, sodass die Reste des Römischen Theaters wieder sichtbar wurden. Dieses Areal lässt sich heute besichtigen. Vor allem die Überreste der **Sitzreihen** sind erhalten, die Bühne stößt heute direkt an einige weiß getünchte Wohnhäuser. Unterhalb der Sitzreihen kann man entlanggehen und außerdem in das Halbrund des Theaters eintreten.

Im angeschlossenen **Besucher- und Informationszentrum (Centro de Interpretación)** wird sehr anschaulich dargestellt, wie das Theater während der Römerzeit ausgesehen hat. Dort wird auch ein in Endlosschleife laufender **Film** zur römischen Epoche gezeigt. Das Theater hatte einst einen Durchmesser von 120 Metern und bot Platz für rund 10.000 Zuschauer. Gemessen am Alter und der ursprünglichen Größe gilt das Theater von Cádiz als ältestes und zweitgrößtes aller römischen Theater auf der Iberischen Halbinsel.

› c/ Mesón 13, Tel. 856904211, www.juntadeandalucia.es/cultura/enclaves/enclave-arqueologico-teatro-romano-de-cadiz, geöffnet: April–Sept. Mo–Sa 11–17, So 10–14 Uhr, Okt.–März Mo–Sa 10–16.30, So 10–14 Uhr, jeden ersten Mo im Monat geschlossen, Eintritt frei

Callejón del Duende, die schmalste Gasse von Cádiz

Nur einmal ums Eck vom Informationszentrum des Teatro Romano ❾ liegt rechter Hand eine sehr enge Gasse, die durch eine Gittertür verschlossen ist, die callejón del Duende.

Dieses Gässlein gilt als schmalster Fußweg der Stadt. Er verbindet die calle Mesón mit der früheren Außenmauer des Römischen Theaters, wo es ein Schlupfloch gegeben haben soll. Dieser Weg wurde einst häufig von Schmugglern genutzt. Einer dieser Schmuggler wurde „El Duende" genannt, da er sich sehr geschickt in den engen Gassen bewegen konnte. „El Duende" kann man mit „Geist" oder „Kobold" übersetzen, der Begriff bezeichnet aber auch eine spirituelle Verfassung, fast Magie, in die Flamenco-Sänger gelegentlich fallen, wenn sie sich mit Inbrunst ihrem Gesang hingeben.

Neben der Namenslegende um besagten agilen Schmuggler gibt es noch eine zweite Legende, die eher auf dieses spirituelle Element Bezug nimmt: Während der französischen Besatzungszeit Anfang des 19. Jh. soll sich ein französischer Offizier unsterblich in eine junge Dame aus Cádiz verliebt haben. Ursprünglich soll die Frau dem Werben des Franzosen nur nachgegeben haben, um ihren in französischer Gefangenschaft schmorenden Verlobten zu befreien. Später aber erlag sie dann doch dem Charme des Offiziers und vergaß den Verlobten. In dieser engen Gasse sollen sich die beiden immer getroffen haben, bis sie eines Nachts überrascht wurden. Die beiden Verliebten wurden wegen Hochverrats zum Tode verurteilt. Nun sollen die Seelen der beiden des Nachts immer wieder hierher zurückkehren, weil sie in dieser Gasse so glücklich waren. Und alljährlich in der Nacht zu Allerseelen (2. Nov.) sollen ihre Klagen hier überdeutlich zu hören sein. Deswegen stellen Nachbarn an diesem Tag Kerzen zur Erinnerung auf.

⑩ Plaza del Fray Félix ★ [H4]

Der vor der Alten Kathedrale ⑪ liegende Platz wurde einst Plaza de la Catedral genannt und erst nach dem Bau der neuen Kathedrale ⑬ umgetauft. Heute wirkt er ein wenig unscheinbar, aber in früheren Zeiten fungierte er als **religiöses Machtzentrum** der Stadt. Immerhin befanden sich hier die damalige Kathedrale, das kirchliche Schatzamt und der Bischofspalast. Der Platz reichte früher fast bis zum Meer und man konnte schon früh die von weit herkommenden Schiffe sehen. Es heißt übrigens, dass die **Pflasterung** des Platzes aus Kieselsteinen aus den Flüssen Südamerikas besteht, die die aus den Kolonien (s. S. 102) kommenden Schiffe als Ballast mitbrachten.

Der Platz versprüht noch immer historischen Charme, mehrere alte Bauten stehen hier, darunter das **Casa de la Contaduría**, das frühere kirchliche Schatzamt, und das **Colegio de Santa Cruz**, das bereits im 16. Jh. als Bildungsstätte fungierte. Beide Gebäude sind inzwischen umgestaltet und beherbergen heute das Museo Catedrálico ⑫.

⑪ Iglesia de Santa Cruz (Alte Kathedrale) ★★ [H4]

Die Alte Kathedrale trägt auch den Namen Iglesia de Santa Cruz und steht ganz in der Nähe der neuen Kathedrale ⑬ an der Plaza Fray Félix. Sie wurde nach der „Rückeroberung" *(Reconquista)* der Stadt von den Mauren im Jahr 1262 auf den Überresten der ehemaligen Moschee errichtet und zur Kathedrale im gotischen **Mudéjarstil** (s. rechts) umgebaut. Der Befreier der Stadt, König **Alfonso X.** (1221–1284) wollte dort begraben werden, was aber nicht geschah, seine Überreste ruhen heute in Sevilla.

Ende des 16. Jh. wurde die Kirche im Verlauf des Krieges gegen die Engländer zerstört. Auf den einzig erhaltenen Grundmauern entstand bis 1602 der heutige Bau, der bis zur **Weihung der neuen Kathedrale** 1838 die Funktion einer Kathedrale erfüllte. Nachdem die ersehnte, deutlich repräsentativere neue Kathedrale fertig war, wurde die alte schlicht zur

KURZ & KNAPP

Mudéjarstil und Neomudéjarstil

Der Mudéjarstil entstand im Laufe der Jahrhunderte dauernden „Rückeroberung" *(Reconquista)* Spaniens durch christliche Heere, bei der die besiegten **Muslime**, Mudéjares genannt, zunächst im Land bleiben konnten. Unter den Mudéjares gab es viele geschickte **Handwerker**, die nun auch für Christen arbeiteten und dabei einen eigenen Stil entwickelten, den **Mudéjarstil**. Dieser nutzte Bauformen und Dekorationen der orientalischen Architektur (Halbbögen, Kassettendecken aus Holz, Stuckarbeiten etc.), die sich mit Stilelementen der jeweiligen Zeit mischten (Romanik, Gotik, Renaissance), was von den Bauherren sehr geschätzt wurde. Nach der Eroberung Granadas im Jahr 1492 wurden viele Mudéjares zwangsgetauft und ab 1609 sogar aus Spanien vertrieben. Der von ihnen geprägte Stil verschwand aus der Architektur.

Im 19. Jh. kam es zu einer Wiederentdeckung der orientalisch beeinflussten Bauformen – daher der Begriff **Neomudéjarstil**. Dieser kam vielfach in öffentlichen Bauten (Bahnhöfen, Stierkampfarenen), aber auch in Privathäusern zur Anwendung. Ein herausragendes Beispiel in Cádiz ist das **Gran Teatro Falla** ⑳.

Iglesia de Santa Cruz. Teile der kirchlichen Inneneinrichtung wurden in die neue Kathedrale versetzt.

Die dreischiffige Kirche hat eine rechteckige Form und sieht von außen etwas schlicht, aber zugleich imposant und wehrhaft aus, was wohl auch beabsichtigt war, denn sie befindet sich sehr nah an der früheren Stadtmauer. Im Inneren stützen **wuchtige Pfeiler** das Gebäude und unterteilen es auch optisch. Sehenswert sind der barocke Hauptaltar aus vergoldetem Holz, 1650 von Alejandro Saavedra geschaffen, und die Seitenkapelle **Capilla de los Genoveses** mit einem großen Marmoraltar. Diese Kapelle wurde 1671 im Auftrag von Bürgern aus Genua, die in Cádiz lebten, aus italienischem Marmor errichtet.

› **Catedral Vieja de Cádiz,** Pl. Fray Félix 5

12 Museo Catedrálico (Museum der Kathedrale) ★★ [H4]

An der Plaza Fray Félix lockt die **Schatzkammer der Kathedrale,** die als **Museo Catedrálico (Kathedralmuseum)** ausgeschildert ist. In 13 Sälen sind zahlreiche religiöse und für den kirchlichen Alltag notwendige Gegenstände ausgestellt, darunter Monstranzen (verzierte Hostienbehältnisse) und fein gearbeitete Kreuze. Außerdem sind Porträts früherer Bischöfe und religiöse Kunstwerke wie Gemälde und Skulpturen, u.a. aus Silber und Elfenbein, zu sehen.

Herausragend ist die **Custodia del Millón,** eine sehr kunstvoll gefertigte Monstranz, die mit zahlreichen Edelsteinen besetzt ist. Es gibt auch eine Sammlung wertvoller historischer Bücher, sehr schön in schwere Ledereinbände eingefasst und in einem historischen Regal verwahrt. Darüber hinaus bietet das Museum Einblicke in die **archäologischen Ausgrabungen** am benachbarten **Teatro Romano** 9.

› Pl. Fray Félix 1, https://catedraldecadiz.com/casa-de-la-contaduria, geöffnet: Di–Sa 10–16.30 Uhr, im Eintrittspreis der Kathedrale 13 inbegriffen

13 Catedral de Cádiz ★★★ [H4]

Geplant wurde sie schon Ende des 16. Jh., aber mit dem Bau begann man erst ein gutes Jahrhundert später und dann dauerte es auch noch ziemlich lange. Nach 130 Jahren Bauzeit war sie dann jedoch endlich fertig. Die weithin sichtbare Kathedrale mit ihrer markanten Kuppel ist ein Schmuckstück geworden, das die Altstadt von Cádiz entscheidend prägt.

Nach der „Entdeckung" Amerikas durch Kolumbus (s. S. 20) und der Gründung **spanischer Kolonien** (s. S. 102) entwickelten sich alsbald **Handelsaktivitäten** und ein reger Schiffsverkehr zwischen Spanien und der „Neuen Welt". Vor allem wurden die Gold- und Silberschätze aus den Kolonien nach Spanien gebracht, aber auch Erze und andere Metalle. Dieser Warenverkehr lief anfänglich nur über den Hafen von Sevilla und in geringem Maße über Cádiz (andere spanische Häfen waren zu jener Zeit ausgeschlossen, dieses Verbot wurde erst 1765 gelockert und 1778 komplett aufgehoben). Seit 1504 musste vor allem auf Edelmetalle und vergleichbare Werte der sogenannte *quinto real* („königlicher Fünfter") oder *quinto del rey* („Fünfter des Königs") bezahlt wer-

Die markante Kathedrale überragt die Häuser der Altstadt

den, eine Steuer von 20 %, die später auf 10 % gesenkt wurde. 1717 wurde das **Handelsmonopol** von Sevilla nach Cádiz verlegt, da der Fluss, der Sevilla mit dem Meer verband, nicht mehr schiffbar war. Auf diese Weise fiel auch für die Hafenstadt Cádiz einiges an Geld ab. Und damit kam auch der **Wunsch nach einer repräsentativeren Kathedrale** auf – die bisherige war nun schlicht zu klein.

1595 stellte der Renaissance-Architekt **Francisco de Mora** einen Bauplan vor, aber bevor die Arbeiten beginnen konnten, plünderte ein englisch-niederländisches Heer die Stadt im Jahr 1596. Cádiz war nach diesem Angriff verwüstet, an eine neue Kathedrale dachte man lange Zeit überhaupt nicht mehr. Erst 1722 wurde die Idee in die Tat umgesetzt. Die Pläne waren von dem Barock-Architekten **Vicente Acero** ausgearbeitet worden. Erneut ging es nicht richtig voran, u. a. fehlte das nötige Geld. Neue Architekten kamen mit neuen Ideen, die Baustile wechselten und vermischten sich schließlich. Das Ergebnis ist ein **Stilmix aus Barock, Rokoko und Neoklassizismus.** 1838 wurde die Kathedrale schließlich geweiht, obwohl sie noch nicht fertig war. Erst 1852 wurden die Arbeiten mit der Fertigstellung der Türme beendet. Das Kirchengebäude wird von der weithin sichtbaren **Kuppel** überragt, die man sogar vom Meer aus erkennt.

Die **Hauptfassade** wird von zwei gewaltigen Türmen und einer Kuppel mit gelblichen Kacheln geprägt. Der vom Eingang aus linke Turm, der **Torre del Reloj (Uhrenturm)**, lässt sich über mehr als 400 Stufen erklimmen und erlaubt aus 74 Metern Höhe eine reizvolle Rundumsicht über die gesamte Stadt. Über dem **Hauptportal** befinden sich Skulpturen der Stadtpatrone San Germán und San Servando.

Wer die Kathedrale durch die fünf Meter hohe Eingangstür betritt, kommt sich ganz klein vor. Der Eindruck wird im Inneren noch durch die **gewaltigen Pfeiler** verstärkt. Die dreischiffige Kathedrale hat den Grundriss eines lateinischen Kreuzes. Die Hauptkapelle steht im zentralen Kirchenschiff und wurde aus Marmor geschaffen, der Hauptaltar Mitte des 19. Jh. von Juan de la Vega erbaut. Er wirkt etwas schlicht, zeigt oben fünf Gemälde, darunter befinden sich verschiedene Heiligenfiguren.

004ca-sm

017ca-sm

⌃ *Die Hauptkapelle der Kathedrale ⓭ ist zum Teil aus Marmor geschaffen*

Das **Chorgestühl** ist aus Mahagoni, Eiche und Ebenholz gefertigt. Es besteht aus einer Doppelreihe von Sitzen, die handgeschnitzte Kunstwerke sind. Die obere Reihe aus Zedernholz zeigt prägnante Figuren, die Heilige darstellen, oben von musizierenden Engeln gekrönt. Die untere Reihe ist schlichter gestaltet und zeigt geometrische und florale Motive.

Der Kathedrale besitzt insgesamt **13 Kapellen** mit Bildnissen verschiedener Heiliger, u.a. von den beiden **Schutzpatronen** der Stadt, **San Servando** und **San Germán.** Beide kamen ursprünglich aus der westspanischen Stadt Mérida und waren römische Legionäre, die sich zum Christentum bekehren ließen, weswegen sie 304 unweit von Cádiz enthauptet wurden. Der 23. Oktober ist ihr Gedenktag in Cádiz. Zu Ehren von San Servando wurde die Kapelle Nr. 10 errichtet, die einen neoklassizistischen Altar von Juan de la Vega aus dem 19. Jh. besitzt. Auch dem zweiten Schutzpatron, San Germán, ist eine Kapelle gewidmet (Nr. 12), ebenfalls mit einem von Juan de la Vega erschaffenen Bildnis.

In der Kathedrale befindet sich auch die prächtige **Prozessionsmonstranz des Corpus Christi.** Sie ist aus Silber gefertigt, misst 5½ Meter und wurde zwischen 1648 und 1664 geschaffen. Der Wagen besteht ebenfalls aus Silber, was spanienweit einzigartig ist.

Unter dem Hauptaltar liegt die **Krypta**, wo u.a. **Manuel de Falla** (s. S. 36) bestattet ist, ein bekannter spanischer Komponist aus Cádiz.

› Pl. de la Catedral s/n, Tel. 956286154, https://catedraldecadiz.com, geöffnet: **Kathedrale** Mo–Sa 10–20, So 13.30–20, Juli–Aug. jeweils bis 21 Uhr, **Torre del Reloj** Mo–Sa 10–20, So 12–14.30 u. 15.30–20 Uhr, Eintritt: 7 € inkl. Turmbesichtigung und Museo Catedrálico ⓬, Kinder unter 12 Jahren Eintritt frei

⓮ Iglesia de Santiago ★★ [G4]

Diese Kirche steht nur einen Steinwurf von der Kathedrale ⓭ entfernt an der Einmündung der calle Compañía auf die Plaza de la Catedral. Das Gotteshaus ist dem **hl. Jakobus** gewidmet und eine Station des berühmten **Jakobswegs (camino de Santiago).** Ein Zweig des Pilgerpfades beginnt hier in Cádiz und endet nach 1139 km im nordspanischen Santiago de Compostela.

Die Iglesia de Santiago wurde 1635 fertiggestellt, nachdem eine Vorgängerkirche aus dem Jahr 1564 beim

› *An der Iglesia de Santiago beginnt der Jakobsweg nach Nordspanien*

englisch-niederländischen Angriff auf die Stadt im Jahr 1596 zerstört worden war. Die **Fassade** ist von hohen ionischen Pilastern (Pfeilern) geprägt. Das **Haupttor** zur calle Compañía krönt ein Halbbogen aus Genueser Marmor, dort ist zudem das königliche Wappen angebracht. Der **Glockenturm** besteht aus zwei Körpern: Der untere Teil zeigt sich quadratisch, der obere mit dem Glockenhaus achteckig. Die dreischiffige Kirche ist in Form eines lateinischen Kreuzes gestaltet, hat ein breites Langhaus und etliche Seitenkapellen. Den **Hauptaltar** schuf Alejandro Saavedra 1651–1653. Er wird von zwei salomonischen Säulen flankiert und zeigt viele barocke Altarbilder und -skulpturen, die Juan Gómez Cuontro 1670 fertigte.

› Pl. de la Catedral/Ecke calle Compañía, geöffnet: Mo–Fr 9–12 u. 19–20.45, So 9–10 u. 19–20.45 Uhr

⑮ Plaza de las Flores ★★★ [G3]

Spaziert man von der Kathedrale ⑬ durch die calle Compañía, erreicht man bald die Plaza de las Flores, oft auch als Plaza Topete bezeichnet. Auf dem kleinen Platz werden an mehreren Verkaufsständen Blumen angeboten – daher auch der Name „Blumenplatz“.

Der rechteckige Platz ist nicht groß, zählt jedoch zu den **lebhaftesten** der ganzen Stadt, nicht zuletzt, weil sich hier etliche **Bars** angesiedelt haben. Das zieht viele Flaneure an, ebenso wie die nahe Markthalle ⑯. Es herrscht ein ständiges Kommen und Gehen, man verabredet sich, trifft zufällig Bekannte, plaudert ein wenig oder kehrt auf ein Gläschen in die nächste Bar ein. Andere haben es eilig und hasten vorbei. Gelegentlich steht man anderen Menschen im Weg. Auf dem Platz ist alles in Bewegung, mit seinen bunten Blumen bietet er aber auch ein romantisches und stimmungsvolles Ambiente. So ist die Plaza de las Flores nicht unbedingt geeignet für Ruhesuchende, sondern überzeugt eher mit ihrer **anregenden Atmosphäre.**

018ca-sm

Im Zentrum des Platzes befinden sich ein kleiner **Springbrunnen** mit einer **Skulptur**, die **Lucius Junius Moderatus** darstellt, auch bekannt als **Columella.** Columella war ein römischer Autor, der um 4 n. Chr. in Cádiz geboren wurde und um 70 n. Chr. in Italien verstarb, wo er ein Landgut besaß. Er beschäftigte sich mit Landwirtschaft und verfasste ein zwölfbändiges Werk über den Ackerbau und später ein weiteres über die Baumzucht. Sein Hauptwerk („De re rustica“, in Latein) wurde 1824 erstmals vollständig ins Spanische übersetzt, es ist unter dem Titel „Zwölf Bücher über die Landwirtschaft“ auch auf Deutsch erhältlich.

KURZ & KNAPP

„Die Kurve kratzen" – Häuserecken in der Altstadt

In den engen Gassen der Altstadt von Cádiz sind noch etliche **Hausecken** durch **Metallbeschläge** geschützt. Das war früher auch notwendig, wenn die schweren Pferdewagen im wahrsten Sinne des Wortes „die Kurve kratzten" und dabei teilweise heftig an der Hauskante entlangschrammten. Da ging dann so manches kaputt. Ursprünglich waren die Schutzelemente aus Stein, vor allem im 18. Jh. ging man zu Metall über. Manchmal wurden nicht mehr gebrauchte Kanonenrohre aufgesägt und zum Eckenschutz umfunktioniert. Teilweise wurden die Beschläge sogar **kunstvoll verziert**, was man gelegentlich heute noch erkennen kann.

020ca-sm

Unübersehbar überragt das markante, 1930 erbaute **Gebäude der Hauptpost** (**Correos**, s. S. 121) den Platz. Auffällig sind die rote Farbe der Ziegel und die große Uhr – damit hebt sich der Bau auch optisch von den benachbarten Häusern ab. An der Gebäudeseite zur Markthalle finden sich nach wie vor die **Einwurfschlitze für Briefe und Postkarten**, die durch ein **aufgerissenes Löwenmaul** dargestellt sind. Es gibt zwei Einwurfschlitze, deren geografische Einteilung durchaus selbstbewusst ist: In den einen kommt die für die Stadt Cádiz bestimmte Post, in den anderen der ganze Rest, also Post für die Provinz, für Ziele innerhalb Spaniens und für internationale Destinationen.

16 Markthalle Mercado Central ★★★ [G3]

Die Markthalle zählt heute zu den zentralen Punkten der Stadt. Nicht nur zur Marktzeit herrscht viel Trubel, auch außerhalb der Betriebszeiten treffen sich hier viele Menschen, da sich rings um den Markt jede Menge Tapasbars und Restaurants angesiedelt haben.

Die Markthalle steht am Platz **Plaza de la Libertad**, der einst als Garten eines heute nicht mehr existierenden Klosters fungierte. Die Freifläche wurde schon damals als Marktstätte genutzt. Der Architekt **Torcuato Benjumeda**, der auch am Bau der Kathedrale 13 mitgewirkt hatte, schlug einen Neubau in Form eines Vierecks vor, der von dorischen Säulen getragen wird. 1838 wurde die Markthalle eingeweiht. Fast ein Jahrhundert später kam es zu einem grundlegenden Umbau. Dazu plante **Juan de Talavera** einen neuen zentralen Bereich, der die bisherige Struktur beibehielt, den Komplex aber vergrößerte. Dieser

069ca-sm

Zentralmarkt wird heute vor allem von Fischhändlern genutzt. Außerdem wurde das Außenareal verschönert. Die Arbeiten waren 1929 beendet und kosteten genau 10.607.247,68 Peseten, wie eine historische Chronik penibel festhielt. Im Zuge der Renovierung wurden auch hygienische Verbesserungen eingeführt. Ein Kontrolleur wurde angestellt, der die Lebensmittel prüfte, und die Händler durften ihre Waren von nun an nicht mehr draußen auf dem Boden lagern und anbieten.

Rund 80 Jahre später wurden erneut Renovierungsarbeiten durchgeführt, die über drei Jahre dauerten. Dabei entdeckte man in einem **Gemeinschaftsgrab** 17 Skelette, die vermutlich aus einem ehemaligen Franziskanerkloster stammten, was die Renovierungsarbeiten ins Stocken brachte. 2009 wurde die renovierte Markthalle schließlich wiedereröffnet, ergänzt um einen **rincón gastronómico („gastronomische Ecke")**. Das sind mehrere **Tapasbars**, die bis zum Abend geöffnet haben, also weit über das eigentliche Marktgeschehen hinaus. Damit hat sich die Markthalle zu einem abendlichen Ausgehziel gemausert.

Der Markt selbst beherbergt etwa **170 Verkaufsstände** – ein Spaziergang durch das große Gebäude ist ein Fest für die Sinne. Man könnte meinen, dass alle scheinbar das Gleiche anbieten. Aber es gibt durchaus Unterschiede und die kenntnisreiche Kundschaft erkennt diese genau. Es macht Spaß, hier etwa beim Fachsimpeln über mittellange oder kürzere Garnelen zu lauschen. Selbst wenn man kein Spanisch versteht – allein die Mimik und Gestik zu beobachten, ist oftmals schon köstlich.

Rings um den Markt zeigen sich die **engen Gassen** besonders ursprünglich, manchmal auch mit einem etwas rauen Charme. Einfache Bars, kleine Geschäfte und eine spürbar enge Nachbarschaft prägen das Bild.

› Pl. de la Libertad s/n, Tel. 965214191, http://mercadocentralcadiz.com, geöffnet: Markt Mo–Sa 9–15 Uhr, gastronomische Ecke Mo 9–15.30, Di–Do 9–15.30 u. 18–23, Fr/Sa 9–15.30 u. 18–24, So 12–17 Uhr

Kleine Erfrischung direkt neben der Markthalle

Die Türme von Cádiz

Die Türme von Cádiz waren und sind bis heute ein unverwechselbares Charakteristikum der Silhouette dieser Hafenstadt. Schiffsbesatzungen konnten Cádiz anhand der Türme schon von Weitem erkennen und umgekehrt konnten auch Schiffe schon lange vor Erreichen des Hafens gesichtet werden.

Praktisch jeder Kaufmann hatte seinen eigenen Turm, auf dem zumeist auch seine eigene Fahne wehte. Die allermeisten Türme stehen folglich im nordöstlichen Teil der Stadt in Sichtweite zum Hafen. Von oben konnte man aber nicht nur den Schiffsverkehr beobachten, sondern solch ein Turm war zugleich ein ruhiger, sicherer Ort, der am Abend eine Rückzugsmöglichkeit vom Trubel der Stadt bot.

Im Museo de las Cortes 18 steht ein großes Stadtmodell von Cádiz im Jahr 1777, auf dem insgesamt 160 Türme zu finden sind. Heute stehen noch 133 Türme, manchmal wird die aktuelle Anzahl allerdings auch mit 126 beziffert.

Die Türme entstanden überwiegend im 17. und 18. Jh., da der gesamte Handelsverkehr mit den amerikanischen Kolonien (s. S. 102) ab 1717 über Cádiz abgewickelt wurde. Damals hatte Cádiz das Handelsmonopol von Sevilla übernommen, dessen Hafenzufahrt versandet war. Andere spanische Häfen waren zu jener Zeit vom Kolonialhandel ausgeschlossen. Das brachte Cádiz Wohlstand und einige Kaufleute wurden schwerreich. Das Handelsmonopol endete allerdings ab 1765 und ab 1792 durften auch keine weiteren Türme mehr gebaut werden.

17 Torre Tavira (Tavira-Turm) ★★★ [G3]

Unweit der Markthalle 16 erhebt sich der 34 Meter hohe Torre Tavira, der höchste Turm der Stadt, von dem man eine ausgezeichnete Fernsicht genießt. Obendrein zeigt eine „Dunkelkammer" ein spielzeugkleines Bild vom Straßengeschehen.

Der Torre Tavira ist einer von **133 privaten Türmen** (s. links), die nach wie vor über die ganze Stadt verteilt sind. Von ganz oben genießt der Besucher einen **fantastischen Ausblick** über die Dächer von Cádiz bis zum Festland nach Rota. Die genaue Höhe des Turms liegt bei 34,55 Metern über dem Straßenniveau und 41,23 Metern über dem Meeresspiegel. Erbaut wurde der Torre Tavira im 18. Jh. und diente ab 1778 als **Aussichts- und Wachturm,** um den Hafen zu beobachten. Der Turm trägt noch heute den Namen des ersten Wächters, Antonio Tavira.

Der Clou ist die **Camera obscura** *(cámara obscura),* die „Dunkelkammer". Mittels spezieller Linsen und reflektierender Spiegel wird ein seitenverkehrtes Bild der Straße eingefangen und auf eine halbrunde Scheibe im Inneren eines abgedunkelten Raumes projiziert, alles live, direkt und in Bewegung. Die Kamera schwenkt langsam um 360 Grad über die gesamte Stadt. Dazu gibt es Erklärungen auf Englisch und Spanisch.

› c/ Marqués del Real Tesoro 10, Tel. 956212910, www.torretavira.com, geöffnet: Mai–Sept. tägl. 10–20 Uhr, Okt.–April tägl. 10–18 Uhr, Eintritt: 7 €, erm. 5,50 €, alle 30 Min. begleitete Besichtigungen. Zuletzt war ein Besuch **nur nach vorheriger Reservierung** unter Tel. +34956212910 oder reservas@torretavira.com möglich.

021ca-sm

18 Museo de las Cortes de Cádiz ★★ [F3]

Das Museum steht gleich neben der Kirche Oratorio de San Felipe Neri 19. Es wurde 1912 anlässlich des hundertsten Jahrestags der **ersten spanischen Verfassung** (s. S. 34) von der **Volksversammlung** eröffnet, die noch heute **Cortes** heißt. Die Ausstellung dokumentiert die Zeit um 1812, als Spanien von französischen Truppen fast völlig besetzt war. Vor allem Gemälde und Zeichnungen sind ausgestellt, auch Porträts wichtiger Beteiligter, Waffen, Medaillen, Fahnen – allesamt Exponate, die im Zusammenhang mit der damaligen Besatzungszeit stehen und den Widerspruchsgeist dokumentieren. In der oberen Etage findet sich ein großes **Modell der Stadt** aus dem späten 18. Jh., das 1777 gefertigt wurde. Übergroß ist auch ein **Gemälde von Salvador Viniegra**, das die feierliche Verkündung der ersten Verfassung dargestellt.

› c/ Santa Inés 9, Tel. 956221788, geöffnet: Di–Fr 9–18, Sa/So 9–14 Uhr, Eintritt frei

⌃ *Der Ausblick vom Torre Tariva ist einfach grandios*

19 Oratorio de San Felipe Neri ★ [F3]

Die Kapelle wurde ab 1688 gebaut und 1719 fertiggestellt. Das gewaltige **Erdbeben von Lissabon** im Jahr 1775 wirkte sich bis nach Cádiz aus und beschädigte das Gebäude so schwer, dass es ab 1764 gründlich renoviert werden musste.

Die Kirche hat große historische Bedeutung, denn 1812 verkündete hier die **Cortes**, die spanische Abgeordnetenversammlung, die erste liberale Verfassung Spaniens (s. S. 34). Etliche Plaketten an den Außenwänden der Kirche erinnern an dieses Ereignis.

Die einschiffige **Barockkirche** ist in elliptischer Form gebaut, was in Andalusien sehr selten vorkommt. Es gibt sieben Seitenkapellen, Tageslicht fällt durch die große, prachtvolle Kuppel ins Kircheninnere. In der Hauptkapelle steht der **Rokoko-Altar** aus dem 18. Jh., gefertigt aus vergoldetem Holz. Er wird bekrönt von mehreren Gemälden, darunter eines von **Bartolomé Esteban Murillo**, das die Unbefleckte Empfängnis zeigt.

› c/ Santa Inés s/n, geöffnet: Di–Fr 10–14 u. 17–19.30, Sa 11.30–14, So 10–14 Uhr, Eintritt: 4 €, erm. 2 €, So Eintritt frei

Die spanische Verfassung von 1812

In Cádiz wurde im Jahr 1812 eine liberale Verfassung verabschiedet, die, wie es damals hieß, „von Spanier für Spanier" gemacht war. Dieser Hinweis war durchaus berechtigt, denn es gab auch noch eine andere Verfassung, die kurz zuvor verkündet worden war, allerdings in Frankreich.

Seit 1808 war Spanien von französischen Truppen besetzt, der spanische König Fernando VII. (Ferdinand VII.) war in Frankreich unter Hausarrest gesetzt. Joseph Bonaparte, ein Bruder Napoleons, regierte Spanien von Madrid aus. Anfang Mai kam es in mehreren Orten zu Aufständen, die von den Franzosen brutal niedergeschlagen wurden. An die Ereignisse erinnert noch heute ein lokaler Feiertag am 2. Mai und der Name eines zentralen Platzes in Madrid, die Plaza Dos de Mayo. Francisco de Goya malte ein sehr eindringliches Bild von der späteren Erschießung der Aufständischen durch die Franzosen.

Um der französischen Besetzung einen legalen Anstrich zu geben, wurde die spanische Cortes (Abgeordnetenversammlung) im französischen Bayonne einberufen, wo auch der spanische König saß. Die Cortes war eine seit dem späten Mittelalter bestehende Ständeversammlung, die dem König beratend zur Seite stand und die auch gewisse Rechte hatte, sodass der König nicht absolutistisch regieren konnte. In Bayonne sollte nun eine Verfassung von Napoleons Gnaden entworfen werden, die im Juli 1808 als „Statut von Bayonne" verkündet wurde. Diese „erzwungene" Verfassung wurde nicht überall anerkannt, außerdem reisten längst nicht alle Mitglieder der Cortes nach Bayonne. 1810 trat die Cortes erneut in Cádiz zusammen, dort war die französische Besatzungsmacht nicht präsent und die Mitglieder konnten sich frei entfalten. Sie entwickelten eine eigene liberale Verfassung als bewusstes Gegenstück zum Statut von Bayonne. Sie wurde am 19. März 1812 verkündet, dem Tag des hl. Josef, der in Spanien umgangssprachlich auch „Pepe" genannt wird. Aus diesem Grund wird die Verfassung („La Constitución") noch heute scherzhaft „La Pepa" genannt.

066ca-hj

Frankreich musste kurze Zeit später die Besatzung aufgeben, der spanische König Ferdinand kehrte nach Madrid zurück und erklärte „La Pepa" für ungültig. Die folgenden Jahre waren in Spanien ziemlich turbulent, mal war die Verfassung von Cádiz gültig, mal nicht. Zunächst galt sie von 1812 bis 1814, dann erneut zwischen 1820 und 1823 und abermals von 1836 bis 1837. Am 18. Juni 1837 wurde eine neue Verfassung für Spanien verkündet, deren Inhalt teils wortwörtlich aus der Urverfassung von Cádiz übernommen wurde.

In Cádiz ist zu Ehren der Verfassungsverkündung ein großes Denkmal an der Plaza de España 32 errichtet worden, das Monumento a Las Cortes. Über die turbulente Geschichte kann man sich im Museo de las Cortes de Cádiz 18 informieren.

20 Gran Teatro Falla ★ [E2]

Der auffällige, rötliche Bau des Theaters steht an einem großen, offenen Platz, der – ebenso wie das Theater selbst – nach dem aus Cádiz stammenden Komponisten **Manuel de Falla** (s. S. 36) benannt ist.

Cádiz blickt auf eine **lange Theatertradition** zurück: Bereits im 18. und 19. Jh. wurden hier Stücke uraufgeführt, sozusagen als Test, um den Publikumsgeschmack auszuloten, bevor man diese Werke in Madrid zeigte.

Im Jahr 1812 wurde an gleicher Stelle in Cádiz ein erstes Theater eröffnet, das aus Holz gebaut war und in den 1860er-Jahren abbrannte. Einen Nachfolgebau weihte man 1871 ein, auch dieses Theater war aus Holz und ging zehn Jahre später ebenfalls in Flammen auf. Ab 1885 schuf man das aktuelle Theatergebäude aus solidem Stein, die Fertigstellung zog sich jedoch bis 1910 hin. Erst seit 1926 trägt das Haus den Namen von Manuel de Falla.

Die **Außenfassade** des im **Neomudéjarstil** (s. S. 25) erbauten Theaters weist einige orientalische Gestaltungselemente auf. So sind gut erkennbar mehrere halbbogenförmige Elemente über den Fenstern herausgearbeitet, die stark an die Bögen in der Mezquita (Kathedralmoschee) von Córdoba erinnern.

Das Theater ist groß und bietet Platz für **2000 Zuschauer**, die zentral vor der Bühne sitzen oder in drei halbrunden Rängen mit Logen und seitlichen Plätzen. Die Bühne hat ebenfalls große Dimensionen, sie misst 18 Meter in der Breite und hat eine Tiefe von 25 Metern.

Alljährlich im Februar treten hier **Karnevalsgruppen** auf, ansonsten finden Theateraufführungen statt, es werden Konzerte und gelegentlich auch Musicals und Opern gezeigt.

› Pl. del Falla s/n, Tel. 956220828, http://laciudad.cadiz.es/programacion-gran-teatro-falla.asp, geöffnet: Ticketschalter Di–Fr 10.30–13.30 u. 17.30–20, Sa–Mo ab 17.30 Uhr

◁ Goyas eindringliche Darstellung von der Erschießung der Aufständischen, hier als Kachelbild in Madrid

MEIN TIPP

Casa Mayol, ein seltenes Jugendstiljuwel in Cádiz

Gegenüber vom **Oratorio de San Felipe Neri** 19 steht ein bemerkenswertes Haus namens Casa Mayol. Es ist eines der wenigen Beispiele für den **spanischen Jugendstil**, den **Modernismo**, die es in Cádiz gibt. Während in Barcelona Anfang des 20. Jh. ganze Straßenzüge mit Häusern dieser Stilrichtung bebaut wurden, sah dies in Andalusien ganz anders aus.

Das Haus ist eigentlich älter, wurde aber Anfang des 20. Jh. im Auftrag von **Manuel Mayol y Rubio** umgestaltet. Mayol war ein Maler und Zeichner, der zuvor lange in Argentinien gelebt und Zeitschriften geleitet hatte.

Es handelt sich um ein **Eckhaus** an der Mündung der Straßen calle San José und calle Santa Inés, das heute zwei identische Fassaden besitzt. Der untere Bereich ist rötlich gehalten, die beiden oberen Etagen ließ Mayol mit gelben Kacheln schmücken. Besonders auffällig sind die unteren, hoch aufragenden Fenster, die mit schön geformtem, hellen Gitterwerk verziert sind. Im Inneren sind weitere modernistische Elemente zu finden, das Haus lässt sich aber nicht besichtigen, da es noch bewohnt wird.

› **Casa Mayol**, c/ San José 34

21 Hospital de Mujeres ★★ [F3]

Der offizielle Name des 1749 eingeweihten **Frauenkrankenhauses** lautet **Hospital de Nuestra Señora del Carmen.** Zuvor gab es kaum Hilfe für Kranke in der Stadt, im Jahr 1598 existierte nur ein kleines Hospital für 20 Personen mit lediglich zwei Betten für Frauen, das vom Orden der Brüder San Juan de Dios betrieben wurde. Das war natürlich viel zu wenig für eine so große Hafenstadt. Ab 1634 existierte immerhin ein eigenes Hospital für Frauen, auch unterstützt durch großzügige testamentarische Spenden. 1657 wurde schließlich ein Hospital zu Ehren der Jungfrau Maria gegründet, die in Andalusien auch **Virgen del Carmen** genannt wird. Damals half man nicht nur den Kranken zu gesunden, sondern gewährte ihnen auch religiösen Beistand. Das bescheidene Hospital erwies sich aber alsbald als zu klein für die vielen Kranken – Mitte des 18. Jh. zählte Cádiz bereits

Manuel de Falla, einer der größten spanischen Komponisten

Manuel de Falla wurde 1876 in Cádiz geboren. Schon frühzeitig erhielt er Musikunterricht durch seine Mutter und Großmutter, ab 1896 studierte er in Madrid am Musikkonservatorium. Schon damals begann de Falla zu komponieren und gewann erste Preise, u. a. für seine Oper „La vida breve" („Das kurze Leben"). Ab 1907 lebte er in Paris und ließ sich von der Kultur der Impressionisten beeinflussen. 1914 kehrte er nach Madrid zurück, wo ein Jahr später eines seiner bekanntesten Stücke uraufgeführt wurde: „El amor brujo" („Der Liebeszauber"). Nur ein Jahr später folgte „Noches en los jardines de España" („Nächte in spanischen Gärten") und schließlich 1919 „El sombrero de tres picos" („Der Dreispitz"). Ab 1921 lebte de Falla in Granada in einem Haus unweit der Alhambra, in dem heute ihm zu Ehren ein Museum eingerichtet ist. In Granada kam er in Kontakt mit anderen Künstlern. So organisierte er 1922 zusammen mit dem Dichter Federico García Lorca erstmals ein Flamenco-Festival, was seinerzeit eher ungewöhnlich war, galt Flamenco doch damals als volkstümliche Kultur.

023ca-sm

Im Laufe der Jahre verschlechterte sich sein gesundheitlicher Zustand, auch die politische Entwicklung angesichts des Spanischen Bürgerkriegs (1936–1939) und des Ausbruchs des Zweiten Weltkriegs entsetzte ihn so sehr, dass er 1939 nach Argentinien übersiedelte. Diktator Franco versuchte noch, ihn mit einer hohen Pension zu halten, aber vergebens. 1946 verstarb Manuel de Falla in Argentinien, heute ist er in der Kathedrale von Cádiz 13 begraben.

1947 wurde Falla zu Ehren eine Briefmarke mit seinem Bildnis herausgegeben und 1974 ein 100-Pesetas-Geldschein.

70.000 Einwohner. Es dauerte aber noch einige Jahre, bis ein passendes Grundstück gefunden und genügend Geld für einen Neubau gesammelt war. Dieser soll schlussendlich eine Million Reales gekostet haben. Das Gebäude zählt bis heute zu den **schönsten Barockbauten der Stadt.**

Das Hospital war bis 1963 in Betrieb. Seitdem gehört der Bau zum Bischofsamt für Cádiz und Ceuta. Das Barockgebäude gruppiert sich um zwei größere, hübsch dekorierte **Innenhöfe,** dazwischen verläuft eine **Freitreppe,** die zu den prächtigsten in ganz Andalusien zählt. Im Inneren befindet sich eine üppig ausgestattete **Barockkapelle** mit mehreren Bildnissen der Virgen del Carmen (andalusische Bezeichnung der Jungfrau Maria). Dort gibt es zudem ein Gemälde von **El Greco** aus dem Jahr 1601, das den Titel „La Vision de San Francisco" („Die Erscheinung des hl. Franziskus") trägt.

› c/ Hospital de Mujeres 26, geöffnet: Mo–Fr 9–13.30 u. 17–19 Uhr, Eintritt: 3 €, Mo u. Fr 9–10 Uhr Eintritt frei

22 Barrio de la Viña ★★★ [E4]

Das urige, gemütliche und sehr ursprüngliche Viertel liegt im westlichen Bereich der Altstadt unweit des Stadtstrandes La Caleta. Eine Straße des Quartiers verwandelt sich regelmäßig in eine riesige Fressmeile.

Einst wurde hier **Wein** angebaut, woraus sich auch der Name ableitet (Viña = Weinberg), ansonsten lebten hier bestenfalls einige Fischer. Zu weit war der Bereich vom Hafen und seinen Aktivitäten entfernt. Das änderte sich im 18. Jh., als das Handelsmonopol mit den amerikanischen Kolonien von Sevilla nach Cádiz wechselte (s. S. 102). Der Hafen boomte plötzlich, bot Arbeitsplätze und lockte damit Menschen von außerhalb an. Diese benötigten Wohnraum und da der Platz in Hafennähe schon vergeben war, siedelten sich viele Menschen hier an. So entstand dieses neue Viertel, das rasch von Handwerkern und Tagelöhnern geprägt wurde.

Bis heute hat das Barrio de la Viña den Ruf, sehr unverfälscht und authentisch zu sein. Außerdem wird hier sehr ausgelassen **Karneval** (s. S. 91) gefeiert. Das Viertel verfügt über teils enge Gassen mit Häusern, die zwei oder drei Stockwerke hoch sind, kleinen Geschäften und reichlich nachbarschaftlichem Flair. Ganz besonders prägend sind die unzähligen **Fischrestaurants** und **Tapasbars,** die vor allem die von Palmen bestandene Straße **calle Virgen de la Palma** [E–F4] säumen. Praktisch alle Lokale stellen Tische nach draußen und so wandelt sich die gesamte Straße in eine einzige Freiluftterrasse, auf der es etwa zur spanischen Mittagszeit (ab ca. 14/15 Uhr) rappelvoll ist.

Am östlichen Ende der calle Virgen de la Palma steht die kleine barocke Kirche **Iglesia (Parroquia) de la Virgen de la Palma** [F4] aus dem 18. Jh., die 1768 geweiht wurde. Sie wirkt von außen schlank und fast ein wenig eingequetscht zwischen den umliegenden Häusern. Ihr viereckiger Turm besteht aus vier Körpern und überragt die umliegenden Häuser gerade eben. Die Kirche hat im Inneren einen ungewöhnlichen runden Grundriss. Der neoklassizistische Hauptaltar aus dem 19. Jh. steht in einer Nische. Eine schöne Seitenkapelle ist der Bruderschaft des Viertels gewidmet, der Hermandad de la Palma.

Im Herzen des Viertels liegt der kleine Platz **Plaza Tío de la Tiza** [F3].

Er ist einer der Orte, wo sehr ausgiebig Karneval gefeiert wird. Auch hier finden sich gedrungene Häuser und vor allem etliche **Lokale.** Tío de la Tiza („Onkel mit der Kreide") war der Spitzname von **Antonio Rodríguez Martínez** (1861–1912), ein Musiker, der u. a. Karnevalslieder textete und in Karnevalbands spielte. Er war so erfolgreich, dass diese Bands in großen Cafés überall in Spanien auftraten. Sein Spitzname erinnert an eine Macke von ihm, denn Antonio hatte die Angewohnheit, seine Zeche mit Kreide auf den Tresen seiner bevorzugten Weinbar zu schreiben. Auch so kann man berühmt werden... Eine **Büste** ihm zu Ehren steht an der Playa de la Victoria [cg].

⌃ Wer möchte hier nicht ebenfalls Platz nehmen? Freiluft-Mittagessen in der calle Virgen de la Palma im Barrio de la Viña 22

23 Castillo de San Sebastián ★ [B5]

Vorgelagert auf einem kleinen **Inselchen**, das über einen **schmalen Weg** mit der Stadt verbunden ist, thront die **Festung** Castillo de San Sebastián. Schon zur Zeit der **Mauren** stand hier ein Wachturm, um den Schiffsverkehr zu kontrollieren. 1457 durften Seeleute die Stadt nicht betreten, weil sie an der Pest erkrankt waren, man erlaubte ihnen aber, auf diesem Inselchen in Quarantäne zu verbleiben und sich zu erholen. Aus Dankbarkeit bauten sie eine kleine Kapelle zu Ehren des **hl. Sebastian**, dessen Namen man schließlich auf die spätere Festung übertrug. Der primitive Wachturm wurde durch einen **Leuchtturm** mit 41 Metern Höhe ersetzt, der immerhin bis 1908 in Betrieb war, die eigentliche Festung entstand 1706. Die Landverbindung wurde erst 1860 gebaut.

Der spanische König Carlos III. ließ hier um 1769 auch **politische Ge-**

fangene einsperren, was wegen der feuchtkalten Gemäuer eine zusätzliche Qual für die Inhaftierten war. Darunter befanden sich auch bekannte Personen, so beispielsweise der mexikanische Freiheitskämpfer **Mariano Abasalo** (1783–1816). Er wurde aus Mexiko hierher gebracht und verstarb nach fünfjähriger Haft im Jahr 1816.

Auch später diente das Fort als **Gefängnis.** Nach dem versuchten **Putsch vom 23. Februar 1981** in Madrid wurden einige der Putschisten hier bis zu ihrer Verurteilung inhaftiert. Ein ehemaliger Coronel (Oberst) verblieb hier bis zum Jahr 1986 und wurde nach Verbüßung von drei Vierteln seiner Strafe von drei Jahren und einem Tag freigelassen.

Im Umfeld der Festung wurden Szenen des **Bond-Films „Stirb an einem anderen Tag"** gedreht (s. rechts), ebenso wie der spanische Mantel- und Degenfilm „Alatriste" (2006). Heute finden hier gelegentlich **Kulturveranstaltungen** statt, zuletzt war der **Zugang** für die Besichtigung allerdings **gesperrt,** da es zwischen Stadt und Land einen Streit um Renovierungskosten gibt. Man kann aber über den **Damm** bis zur Festung spazieren und von dort den Blick über das Meer und auf die Stadt schweifen lassen.

› P° Fernando Quiñones s/n, Tel. 956241001

24 Castillo de Santa Catalina ★★ [D3]

Direkt am Meer und unmittelbar neben dem Hotel Parador de Cádiz (s. S. 127) steht die **Festung** Castillo de Santa Catalina. Wehrhaft ragt sie seit 1598 wie ein Dreizack in die See hinein. Sie ist ein typisches Bei-

James Bond in Cádiz

Im Jahr 2002 wurde der Bond-Film „Stirb an einem anderen Tag" gedreht. Einige Szenen, die eigentlich in Havanna auf Cuba spielten, wurden tatsächlich in Cádiz gedreht, beispielsweise im Castillo de San Sebastián 23. Cádiz wurde als Drehort ausgewählt, weil die Stadt in ihrer Baustruktur Ähnlichkeiten mit Havanna aufweist.

Ganze 600 Komparsen, ausgewählt aus Bewohnern von Cádiz, durften im Film mitspielen und Müßiggänger am Malecón, der Strandpromenade Havannas, darstellen. Sogar die damalige Bürgermeisterin von Cádiz hätte in einer winzigen Rolle als Krankenschwester mitspielen können, sie verzichtete aber.

Auch die fast schon legendäre Szene, in der Halle Berry im atemberaubenden orangefarbenen Bikini als Agentin Jinx aus dem Wasser steigt und langsam zum Strand schlendert, während James Bond (Pierce Brosnan) sie von einer Bar aus mit dem Fernglas beobachtet, wurde in Cádiz gedreht, und zwar am Strand Playa de la Caleta [D4]. Die Dreharbeiten begannen allerdings im Februar und das Atlantikwasser war wirklich eiskalt, bekannte die Schauspielerin hinterher, was man ihr und der Szene jedoch nicht ansieht.

Das Castillo wurde ebenfalls als Schauplatz gewählt und stellt eine kubanische Klinik dar. 007-Schauspieler Brosnan soll während der Dreharbeiten mit seiner Familie und persönlichen Bediensteten in der Altstadt von Cádiz in einem schmucken Haus aus dem 17. Jh. residiert haben – auf immerhin 2000 m^2 Wohnfläche zum Preis von 3005 € pro Tag.

spiel für die wuchtige Militärarchitektur zum Schutze einer Hafenstadt wie Cádiz. Das Fort besitzt einen **sternförmigen Grundriss** und dreieckige Spitzen, die nach außen aufs Meer gerichtet sind. Eine Seite zeigt zur Stadt, wo sich auch das einzige **Tor** befindet, das durch einen Wassergraben zusätzlich geschützt ist.

Im Inneren befanden sich früher die Unterkünfte und Magazine der Soldaten sowie eine kleine Kapelle, die 1693 erbaut wurde. Heute ist hier ein **Kulturzentrum** untergebracht, in dem **Ausstellungen** und **Konzerte** stattfinden, auch Ateliers gehören dazu. Eine separate Ausstellung informiert über die fatale Explosion von Cádiz (s. links). Von den Mauern der Festung genießen Besucher einen **fantastischen Ausblick** aufs Meer, Badefreuden verspricht der unmittelbar angrenzende **Strand La Caleta.**

› C. Campo de las Balas s/n, Tel. 956226333, geöffnet: tägl. 11–19, im Sommer bis 20 Uhr, Eintritt frei

Die Explosion von Cádiz

Am 18. August 1947 um 21.45 Uhr ereignete sich in Cádiz eine fürchterliche Explosion im Stadtteil San Severiano [cf], einem jener Stadtteile, die knapp außerhalb der Stadtmauer und nahe der Strände liegen. In einer Lagerhalle der Marine waren 2228 Unterwasserminen gelagert und wahrscheinlich noch weitere explosive Stoffe. Diese waren am Ende des Zweiten Weltkrieges vom Franco-Regime nach Südspanien gebracht worden, da Franco eine Invasion der Alliierten aus Nordafrika befürchtete, die aber nie kam. Nach Kriegsende wurden die Minen eingesammelt, nach Cádiz gebracht und zunächst vergessen. Eigentlich sollten sie in einem alten Bergwerk bei Jerez de la Frontera endgelagert werden, wozu es aber nie kam. Eine gezielte Warnung, dass diese Minen hochgefährlich und in einem schlechten Zustand seien, wurde ignoriert. Und so kam es zu diesem Unglück.

Den Knall der Explosion hörte man noch in Sevilla. Insgesamt wurden etwa 2000 Gebäude beschädigt, 150 Menschen starben und rund 5000 wurden verletzt. Der Stadtteil San Severiano war verwüstet. Franco unternahm alles, um das Ereignis zu vertuschen und von seinen eigenen Fehlern abzulenken. Der Stadtteil wurde relativ zügig wieder aufgebaut. Eine Ausstellung im Castillo de Santa Catalina 24 erinnert heute an die gewaltige Katastrophe.

25 Parque Genovés ★★★ [E2]

Der größte Park der Stadt liegt an ihrem westlichen Rand unmittelbar an der Küste und ist eine echte Ruhezone am Rande der Altstadt.

Ursprünglich befand sich hier eine eher karge, wenig begrünte Fläche, die vor allem vom Militär genutzt wurde. Ab 1854 pflanzte man gezielt Büsche und Bäume an und im Laufe der Jahrzehnte wuchs der Park. 1863 wurde eine seit langer Zeit dort stehende Festung abgerissen und so konnte der Park weiter vergrößert werden. Besonders planvoll pflegte man ihn ab 1892, pflanzte beispielsweise viele Bäume an, besonders amerikanische **Zypressen**, aber auch einen seltenen **Drachenbaum** *(el drago)*, der eine Art Symbol der Stadt geworden ist.

Im Laufe der Jahre wandelte sich der Park zu einem **botanischen Garten** mit hübsch angelegten Spazierwegen, Sichtachsen, Springbrunnen, einem **Wasserfall** mit kleinem

025ca-sm

See und einigen **Denkmälern**, die an Persönlichkeiten aus Cádiz erinnern, etwa Manuel de Falla (s. S. 36) oder José Mutis, einen Botaniker. Es gibt auch ein kleines Freilufttheater, das den Namen **Teatro José María Pemán** trägt. Der heutige **Name** des Parks erinnert an den ehemaligen Bürgermeister Eduardo Genovés, der als maßgeblicher Initiator gilt.

› Av. Doctor Gómez Ulla s/n, geöffnet: tägl. ab 8 Uhr bis Sonnenuntergang

26 Flanierstraße Alameda Apodaca ★★ [G1]

Die **Apodaca-Allee** begleitet die **Küstenlinie** im nördlichen Stadtbereich und gilt als eine der schönsten Flaniermeilen der Stadt. Ihr Name erinnert an einen aus Cádiz stammenden Admiral, der Anfang des 17. Jh. letzter Vizekönig in den Überseekolonien war (s. S. 102).

Die Allee beginnt unter dem Namen **Alemada Gernabas Carvia Bernal** im Westen bei der Festungsanlage **Baluarte de la Candelaria** [F1], einem weiteren militärischen Bauwerk aus dem 17. Jh. zur Verteidigung der Stadt direkt an der Küste. Die wuchtigen Wachtürme mit dem schmalen Ausguck hängen regelrecht über dem Wasser, die fein gearbeiteten Laternen daneben kontrastieren mit dem derben Stein der Festung. Einige Kanonen ragen bedrohlich aufs Meer hinaus und unterstreichen die frühere militärische Bedeutung des Bauwerks.

Bereits im 17. Jh. angelegt, handelte es sich zunächst um eine eher schlichte Straße, die um 1770 erstmals verschönert wurde. Damals pflanzte man einige Bäume und schuf eine erste Allee. 1836 folgte eine erneute Umgestaltung, die heutige Struktur geht auf das Jahr 1926 zurück.

Kunstvoll gestutzte Bäume zieren die Wege im Parque Genovés

KURZ & KNAPP

Der zweite Marqués de Comillas

Claudio López Bru (1853–1925) war ein katholischer Geschäftsmann mit ultrakonservativer Einstellung, der sich gegen jede gewerkschaftliche Orientierung seiner Arbeiter stellte. Auf der anderen Seite war er ein großzügiger Helfer für Menschen in Not und engagierte sich sozial, aber auch religiös und innenpolitisch. Er hatte von seinem Vater ein riesiges Vermögen geerbt, das dieser in Südamerika durch eigenes kaufmännisches Geschick, aber vor allem durch die Heirat in eine schwerreiche Familie erworben hatte. Der Vater stammte ursprünglich aus einer bitterarmen Familie in Asturien. Nachdem er aber zu großem Wohlstand gekommen war, unterstützte er den spanischen König Alfonso XII. und erhielt im Gegenzug den Titel Marqués de Comillas (Markgraf von Comillas), nach dem Namen seines Heimatdorfes. Sein Sohn Claudio erbte diesen Titel sowie das Vermögen und führte die Geschäfte mit Lateinamerika fort.

An der Alameda Apodaca liegt **einer der schönsten Parks der Stadt.** Er zeigt sich heute reich geschmückt mit üppiger Vegetation und kunstvollen Details, etwa gekachelten Sitzbänken und filigran gearbeiteten schmiedeeisernen Laternen. Hier kann man wunderbar oberhalb des Meeres spazieren oder unter einer berankten Pergola im Schatten sitzen, meist ungehindert aufs Meer schauen und sich dabei am leisen Plätschern eines Springbrunnens erfreuen.

Mehrere **Statuen** erinnern an bekannte Persönlichkeiten, etwa den zweiten **Marqués de Comillas** (s. links). Das Denkmal wurde bereits 1922, also noch zu seinen Lebzeiten, eingeweiht. Es sollte die enge geschäftliche Verbindung des Marqués zu Cádiz und nach Lateinamerika versinnbildlichen. Es wurde am 12. Oktober enthüllt, dem spanischen Feiertag „Día de la Hispanidad" („Tag der Hispanität", heute neutraler als „Fiesta Nacional de España" bezeichnet). Das Monument zeigt mehrere Skulpturen und Bildnisse, die die Verbin-

030ca-sm

026ca-sm

dung zwischen Spanien und Lateinamerika verdeutlichen. Neben dem Bild des Marqués gibt es beispielsweise eine Büste von **Miguel Cervantes**, dem Autor des weltberühmten Romans „Don Quichote“ und Meister der spanischen Sprache. An den Seiten finden sich Abbildungen zweier bedeutender Schiffe: zum einen die „Cantabria“, das erste Dampfschiff, das zwischen Cádiz und Südamerika fuhr, zum anderen die „Marigalante“, jenes Segelschiff, mit dem **Kolumbus** (s. S. 20) im Jahr 1493 von Cádiz aus zu seiner zweiten Amerikareise aufbrach.

27 Plaza de San Antonio mit Iglesia de San Antonio ★★ [F2]

Südlich der Alameda Apodaca 26 liegt die Plaza de San Antonio mit der gleichnamigen Kirche. An dem rechteckigen Platz stehen einige historische Häuser, z. B. das auffällige helle Gebäude des **Palacio Arámburu** (Hausnr. 1). Dieses Haus kaufte 1851 der baskische Kaufmann Juan Arámburu y Echezarreta, der sein Vermögen in Peru gemacht hatte. Nachdem er eine Frau aus Cádiz geheiratet hatte, zog das Ehepaar in die Heimatstadt seiner Gattin. Nach seinem Tod gründeten zwei Söhne 1872 die Bank **Banca Arámburu Hermanos** (hermanos = „Brüder“), die ihren Hauptsitz in dem Gebäude hatte und bald zu den einflussreichsten Banken des Landes gehörte. Sie wickelten keine tagesaktuellen Bankgeschäfte ab, sondern konzentrierten sich auf Handelsaktivitäten und zogen auch für den Staat Steuern ein. Beide Brüder wurden sehr reich, auch durch Geschäfte, die als nicht ganz legal eingestuft wurden. Dabei ging es um eigene Geldnoten, die das Bankhaus nicht hätte

⌃ Die Plaza San Antonio ist von historischen Häusern gesäumt

‹ Grün, schattig, mit Meerblick: die Flanierstraße Alameda Apodaca 26

herausgeben dürfen. Trotz Verbotsandrohung blieb dies aber letztlich folgenlos. Die Brüder waren bestens vernetzt in der andalusischen Gesellschaft, wurden Bürgermeister von Cádiz und Abgeordnete für rechte Parteien im spanischen Parlament. Die Banca Arámburu wurde 1947 an die Banco de Bilbao verkauft, die sie kurze Zeit später abwickelte. Das Haus wechselte danach mehrfach den Besitzer, ist aber nach wie vor als Palacio Arámburu bekannt. Heute gehört es einem entfernten Zweig der Familie Arámburu.

Auf der gegenüberliegenden Seite des weitläufigen Platzes erhebt sich die auffällige Kirche **Iglesia de San Antonio.** Die dreischiffige Kirche hat die Form eines lateinischen Kreuzes, wurde 1669 geweiht und später mehrfach umgebaut. Die Fassade hat ein zentrales **barockes Portal,** das von zwei hoch aufragenden **Türmen** flankiert wird. Oberhalb des Eingangs befindet sich eine Skulptur des hl. Antonius, dem die Kirche gewidmet ist. Das Innere des Gotteshauses wird durch dorische Säulen gestützt. Der Altaraufsatz stammt aus dem Jahr 1856, er besteht aus Holz, wirkt aber, als ob er aus Marmor erschaffen sei. Zentral ist die Jungfrau Virgen del Patrocinio abgebildet, an den Seiten stehen die geschnitzten Figuren des hl. Antonius (San Antonio) und des hl. Franz von Paola (San Francisco de Paula), allesamt Werke von **Pedro Roldán** (1624–1699) aus Sevilla, einem in Spanien sehr beschäftigten Künstler. In einem angrenzenden Nebenraum befindet sich eine **Nachbildung der Lourdesgrotte.**

› **Iglesia de San Antonio,** c/ Cervantes 35, geöffnet: tägl. 8.30–13.30, Mo–Sa auch 17.30–20.30 Uhr

KURZ & KNAPP

Stiertreiben mit Tom Cruise

In der noblen **calle Ancha** 28 wurde 2009 eine Szene des **Films „Knight and Day“** mit Tom Cruise und Cameron Diaz gedreht, bei der das Stiertreiben im baskischen Pamplona nachgestellt wird. Cruise und Diaz bzw. deren Doubles fahren dabei mit einem Motorrad durch die Stierhorde, verfolgt von zwei Autos und unter wildem Beschuss. Die Szene musste allerdings wiederholt werden, denn beim ersten Dreh flüchteten sieben Stiere und konnten erst kurz vor dem Strand Playa de la Caleta [D4] wieder eingefangen werden. Danach gab es eine Krisensitzung, die Sicherheitsvorkehrungen wurden verschärft und beim zweiten Dreh ein paar Tage später ging alles gut. Dutzende junger Männer durften als **Komparsen** mitspielen, gekleidet wie die Stierläufer in Pamplona im typischen Weiß mit roter Bauchbinde und rotem Halstuch sowie einer Zeitung in der Hand.

28 Calle Ancha ★★★ [G2]

Die calle Ancha zählt seit dem 18. Jh. zu den wichtigsten Straßen der Stadt. Hier stehen nach wie vor einige der elegantesten Häuser der Altstadt.

Die **Fußgängerzone** calle Ancha zweigt von der Plaza de San Antonio 27 ab. Ab dem 18. Jh. wohnten hier die Wohlhabenden und ließen sich **repräsentative Häuser** bauen, deren Fassaden heute zumindest noch teilweise vom alten Glanz zeugen. Seinerzeit trafen sich hier viele wichtige Menschen und solche, die sich dafür hielten. Es wurde viel geredet und diskutiert, es wurden Pläne geschmiedet und Geheimnisse enthüllt. Diese informellen Treffen nahm man so ernst, dass ihnen in der Lokalzeitung eine eigene Seite gewidmet war, auf der ausschließlich Meldungen erschienen, die der Reporter in der calle Ancha aufgeschnappt hatte.

Calle Ancha heißt wörtlich **„Breite Straße"** und tatsächlich ist sie breiter als die meisten Straßen in der Altstadt, weswegen man hier beim Schlendern auch sehr gut die historischen Häuser betrachten kann. Auch die **historischen Laternen** fügen sich ins Gesamtbild ein. Nennenswert sind die Gebäude mit den Hausnummern 5 bis 8 mit vorkragenden Fenstern. Auch das Haus mit der Nr. 16 ist sehenswert: ein neoklassizistisches Bauwerk, das heute das Rektorat der Universität beherbergt. In Nr. 19 lebte der Komponist **Manuel de Falla** (s. S. 36) und Nr. 28, der **Palacio de Mora** von 1862, gilt als prächtigstes Gebäude der Straße.

027ca-sm

㉙ Plaza de Mina ★★ [G2]

Die Plaza de Mina ist ein ausgesprochen beliebter und gut besuchter, offener Platz, der sehr hübsch unter anderem mit Ficus und Palmen begrünt und von einigen **Terrassenlokalen** gesäumt ist. Er entstand nach der Auflösung der Klöster in Spanien im 19. Jh., denn der heutige Platz war einst der Garten eines Franziskanerklosters.

Der **Name** des Platzes erinnert an den Freiheitskämpfer **Francisco Espoz y Mina** (1781–1836), der gegen die französische Besatzungsmacht kämpfte und es bis zum General brachte. Am Platz stehen etliche **herrschaftliche Häuser** aus dem 18. und 19. Jh. Besonders sehenswert sind die Häuser mit den Nummern 6, 8, 9 und 10, allesamt aus dem 19. Jh. stammend. Im Haus Nr. 4 wurde am 23. November 1876 der Komponist **Manuel de Falla** (s. S. 36) geboren.

㉚ Museo de Cádiz ★★★ [G2]

Das interessante, große Museum lockt mit einer sehenswerten Abteilung zu den Schönen Künsten und einer weiteren zu bedeutenden archäologischen Funden.

An der Plaza de Mina ㉙ befindet sich das **Stadtmuseum.** Es ist in einem großen **neoklassizistischen Gebäude** untergebracht. Das Museum besteht aus mehreren Sammlungen. 1852 wurde zunächst das **Museum der Schönen Künste (Museo de Bellas Artes)** gegründet. Nach der Auflösung der Klöster in Spanien im Jahr 1835 sammelten Kunstinteressierte die Kunstschätze der Klöster ein und ergänzten sie später um eigene Ankäufe, um die Werke im Museum auszustellen. 1887 wurde das Mu-

⌃ *Die calle Ancha ist ideal zum Flanieren, Staunen und Shoppen*

seum von Cádiz um eine archäologische und 1970 um eine ethnologische Sammlung erweitert.

Die **archäologische Abteilung** ist die größte des Museums. Die ältesten Funde stammen aus der Steinzeit. Davon ausgehend wird der zeitliche Bogen über die römische bis zur islamischen Epoche gespannt. Ausgestellt sind Objekte des nahen Römischen Theaters 9, aber auch aus der römischen Siedlung **Baelo Claudia** bei Bolonia, einem Küstenort ca. 50 km westlich von Cádiz. Besonders die Fundstücke aus **phönizischer Zeit** (8.–5. Jh. v. Chr.) sind bemerkenswert, darunter zwei **Sarkophage** aus dem 5. Jh. v. Chr. mit fast naturgetreu gearbeiteten menschlichen Antlitzen auf dem Sargdeckel.

Die **Sammlung der Schönen Künste** befindet sich in der ersten Etage und verteilt sich auf acht Säle. Dort sind Gemälde der italienischen, flämischen und vor allem der spanischen Schule aus dem Zeitraum 16. bis 20. Jh. ausgestellt, darunter Werke so bekannter Künstler wie Zurbarán, Morillo, Bécquer, Benlliure, Sorolla und Miró.

In der **ethnologischen Abteilung** im zweiten Stock ist in der Ausstellung Tía Norica eine Sammlung wertvoller Marionetten und Puppen zu sehen, außerdem zeitgenössische Kunst.

› Pl. de la Mina s/n, Tel. 856105034, www.museosdeandalucia.es/web/museodecadiz, geöffnet: Di–Sa 9–21, So 9–15 Uhr, Casa Pinillos Di–Sa 10–14 Uhr, Eintritt: EU-Bürger frei, sonst 1,50 €

Das detailreiche Monument auf der Plaza de España erinnert an die erste spanische Verfassung aus dem Jahr 1812 (s. S. 34)

31 Iglesia de San Francisco ★ [G2]

1566 gründeten **Franziskanermönche** in Cádiz ein Kloster, das im Laufe der Jahrzehnte immer größer wurde, aber, wie alle Klöster in Spanien, Ende des 19. Jh. aufgelöst wurde. Die erhalten gebliebene kleine Kirche besitzt einen 1763 im Rokoko-Stil erbauten **Hauptaltar** mit vielen dekorativen Elementen aus vergoldetem Holz. Er wird von zwei weiteren, nicht minder kleinen Altären flankiert. Die rechteckige Kirche ist einschiffig und verfügt über mehrere Seitenkapellen. In einer davon steht die Skulptur **Cristo de la Vera Cruz** („Christus vom wahren Kreuz"). Die Vera-Cruz-Bruderschaft existiert seit 1566 und zählt zu den ältesten Bruderschaften von Cádiz.

› Pl. San Francisco, geöffnet: tägl. 11–13 Uhr

32 Plaza de España ★★ [H2]

Die Plaza de España ist ein **gärtnerisch gestalteter Platz**, der im frühen 20. Jh. entstand, nachdem die Stadtmauer abgerissen worden war. 1929 errichtete man im Zentrum des Platzes das gewaltige **Denkmal „Monumento a la Constitución de 1812"**, das an die verfassungsgebende Versammlung in Cádiz von 1812 erinnert (s. S. 34). Es stellt das Halbrund eines Parlaments mit den stehenden, ehrfürchtig blickenden Parlamentariern dar. Ergänzt wird das Monument durch allegorische Figurengruppen: So steht vor dem Turm die sinnbildliche Figur der „Pepa", so der umgangssprachliche Name der Verfassung, mit der Schriftrolle in der Hand. Links davon befindet sich eine Figurengruppe, die die Landwirtschaft symbolisiert, rechts werden Bürger gezeigt, die in den Krieg ziehen. Darunter auf der linken Seite schwören Abgeordnete auf die neue Verfassung, auf der rechten Seite verweigert die Stadtverwaltung die Übergabe von Cádiz an Napoleon. Links und rechts flankieren zwei Reiterstatuen das Monument: Die rechte stellt einen männlichen Krieger dar, die links, eine weibliche Figur im Abendkleid, symbolisiert den Frieden.

33 Iglesia del Rosario ★ [G2]

In direkter Nachbarschaft zum Oratorio de la Santa Cueva 34 steht diese Kapelle, deren Name übersetzt **„Kirche Unserer Lieben Frau vom Rosenkranz“** heißt. Die Kirche hat eine längere Geschichte. Sie wurde 1567 errichtet und wechselte danach mehrfach ihren Namen und ihre Bestimmung. Den jetzigen Namen erhielt sie von einer Bruderschaft, die sich aus getauften Schwarzen zusammensetzte, überwiegend Sklaven und deren Nachkommen. Diese Bruderschaft wurde 1767 verboten, die Kirche behielt jedoch ihren Namen.

Das Gotteshaus hat einen hellen Innenraum mit einer kleinen Kuppel. Den Hauptaltar schmückt ein Bild der **Virgen del Rosario** (Jungfrau vom Rosenkranz), das aus dem späten 18. Jh. stammt. Flankiert wird der Hauptaltar von schlichten Säulen und Bildnissen der **Schutzheiligen** von Cádiz, San Servando und San Germán.

› c/ Rosario 10, geöffnet: Mo–Sa 9–12.30, außer Mi und So auch 18.30–21 Uhr

34 Oratorio de la Santa Cueva ★★ [H2]

Diese sehr spezielle Kapelle heißt übersetzt **„Heilige Höhle“**, ein gut gewählter Name. Von außen wirkt der Bau kaum wie ein religiöse Stätte, sondern eher wie ein schlichtes, bewohntes Haus. Man betritt das Gebäude durch eine ziemlich unscheinbare Tür, von einer Kirche ist zunächst nichts zu sehen. Tatsächlich finden sich im Inneren sogar **zwei Kapellen**, die auf zwei Ebenen liegen und über eine **Holztreppe** erreicht werden.

016ca-sm

Das Gotteshaus geht auf eine religiöse Bruderschaft zurück, die sich anfänglich mangels eigener Räume in der benachbarten Kirche Iglesia del Rosario (33) versammelte. Diese Gruppe wurde aber alsbald zu groß und benötigte ab 1771 einen eigenen Raum. Zunächst fand man Platz in einer unterirdisch angelegten kleinen Kapelle. Dann kam großes Glück hinzu. Eines der Mitglieder, Pater José Sáenz de Santamaría, stammte aus einer schwerreichen mexikanischen Adelsfamilie und erbte schließlich das Familienvermögen. Der Pater ließ die unterirdische Kapelle ausbauen, kaufte dazu gleich das ganze Haus und ließ eine zweite, sehr viel prächtigere Kapelle darüber errichten. 1796 wurde diese neue Kapelle geweiht.

Die **untere Kapelle** ist recht klein und hat helle, wenig geschmückte Wände. Zentraler Blickfang ist eine Kreuzgruppe mit mehreren Personen aus dem Neuen Testament, darunter die Jungfrau Maria und Maria Magdalena.

Die **obere Kapelle** ist das genaue Gegenteil. Sie zeigt sich oval mit korinthischen Säulen und prunkvollem Altar und ist sehr viel prachtvoller ausgestaltet. Unterhalb der Kuppel sind die oberen Wände mit Halbbögen geschmückt, in die mehrere Gemälde eingearbeitet sind, darunter auch drei Bilder von Goya, von denen eines das letzte Abendmahl zeigt.

In der unteren Kapelle werden noch heute am Karfreitag von der Bruderschaft die **Sieben letzten Worte Jesus Christus'** bei der Kreuzigung feierlich vorgetragen. Dazu ist der Raum durch Tücher verdunkelt und nur spärlich von einer Lichtquelle beleuchtet. Dann werden die Sieben letzten Worte verlesen, zwischendurch kniet sich der vorlesende Pater hin und lässt die Worte wirken. Padre Santamaría wollte diesen feierlichen Akt durch Musik untermalen lassen und beauftragte durch einen Mittelsmann den Österreicher **Joseph Haydn** (1732–1809), ein passendes Stück zu komponieren. Haydn war nie in Cádiz, aber man beschrieb ihm die Situation und die Abfolge so genau, dass es ihm gelang, aus der Ferne eine passende Musik zu kreieren. 1787 führte man das Werk erstmals am Karfreitag auf und seitdem jedes Jahr aufs Neue.

› c/ Rosario 10, Tel. 956222262, geöffnet: Di–Fr 10–14 u. 17–19.30, Sa 11.30–14, So 10–14 Uhr, Eintritt: 4 €, erm. 2 €, So Eintritt frei

(35) Parroquia de San Agustín ★ [H3]

Diese Kirche war Bestandteil eines Konvents, das 1617 gegründet und im 19. Jh. aufgelöst wurde. Die **Barockkirche** wirkt von außen etwas schlicht, sie hat eine 1647 errichtete Fassade aus italienischem Marmor, oben im Zentrum mit einer Abbildung des hl. Augustinus (San Agustín). Der Innenraum der dreischiffigen Kirche ist in der Form eines lateinischen Kreuzes gestaltet. Er wirkt insgesamt ein wenig nüchtern. Der **Hauptaltar** von 1783 ist aus Holz und nicht, wie es optisch erscheint, aus Marmor. Er zeigt Darstellungen aus dem Leben des namensgebenden Heiligen San Agustín, aber auch der Heiligen Santa Rita aus dem Jahr 1666.

› Pl. de San Agustín 1, geöffnet: Mo–Sa 9.30–13.30 Uhr

Der Stadtstrand Playa de la Caleta mit dem Balneario de la Palma, einem früheren Wellnesstempel

36 Plaza de la Candelaria ★ [H3]

Dieser Platz ist ein kleiner **Ruhepol** inmitten der vielen geschäftigen Straßen der Altstadt. Ursprünglich stand hier ab 1593 ein Augustinerkloster, das Convento de la Candelaria, das im 19. Jh. aufgelöst wurde. 1884 wurde der offene Platz systematisch begrünt und mit einem Springbrunnen bestückt, der 1905 durch eine **Skulptur** zu Ehren des in Cádiz geborenen Schriftstellers und Politikers **Emilio Castelar** (1832–1899) ersetzt wurde. Heute kann man hier wunderbar verschnaufen und ein kurzes Päuschen einlegen, bevor es weiter durch die quirligen Altstadtgassen geht.

Strände

Cádiz besitzt eine ausgesprochen große und eine sehr kleine Strandzone, die beide im Stadtgebiet liegen. Allerdings erstreckt sich nur ein Strand direkt im Bereich der Altstadt, und zwar der kleine, feinsandige Strand **Playa de la Caleta** [D4] an der westlichen Altstadtflanke. Eingerahmt wird er von den beiden wuchtigen Festungen **Castillo de San Sebastián** 23 und **Castillo de Santa Catalina** 24. Ein auffälliges, weißes Gebäude, das **Balneario de la Palma** [D4] aus dem Jahr 1926, steht etwa in der Mitte des Strandes auf Holzpfeilern. Bis 1976, als es geschlossen wurde, diente es als eine Art Wellnesstempel der Reichen mit großem Restaurant, heute beherbergt es ein Forschungszentrum für Unterwasserarchäologie. Der Strand wird überwiegend zum Sonnenbaden genutzt, einige **Fischerboote** liegen an der Wasserkante, aber allzu viele Menschen stürzen sich hier nicht in die Fluten. Zum kurzfristigen Abschalten, zum Pause-Einlegen beim Stadtbummel oder einfach, um ein paar Augenblicke für sich zu haben, ist dieser Strand jedoch sehr gut geeignet, zumal hier auch einige **Lokale** zu finden sind. Besonders empfehlenswert ist die **Bar Club Caleta** (s. S. 83).

Die Altstadt von Cádiz entspricht den Grenzen der einstigen Stadtmauer, deren Relikte beim Stadttor Puer-

031ca-sm

Los Chiringuitos – eine andalusische Institution

Um nicht mit andalusischer Kultur vertrauten Menschen zu erklären, was ein Chiringuito ist, genügte ein einziges Wort: „Strandbar". Aber das wäre viel zu einfach, viel zu profan, viel zu falsch. Nein, ein Chiringuito ist mehr. Es ist für Andalusier ein Bestandteil des Sommers, des Urlaubs, fast eine Art Lebensgefühl. Chiringuitos gibt es an Andalusiens Stränden überall, aber wie ein Chiringuito entstanden sein könnte, darüber macht sich kaum ein Andalusier ernsthaft Gedanken. Aber dass ausgerechnet im fernen Katalonien jemand den Chiringuito „erfunden" haben soll ... also nein, das sei schlicht unmöglich. Und doch hängt in Sitges, ca. 30 km südlich von Barcelona, an einer Strandbar, die tatsächlich Chiringuito heißt, ein Hinweis, dass besagtes Haus seit 1913 bestünde und dort ein Autor fünf Jahre lang täglich gehockt und Artikel für die Zeitung La Vanguardia geschrieben habe. Er selbst nannte die Bar schließlich „Chiringuito" und bezog sich damit auf ein Wort, das auf Cuba in jenen Tagen gebräuchlich war, um einen Kaffee zu bestellen. Ob's stimmt? Natürlich nicht, würde jeder Andalusier mit Vehemenz behaupten und gleichzeitig unterstreichen, dass man einen Chiringuito nicht mal so eben erfinden könne. Und ein Katalane am allerwenigsten. Denn wer käme schon auf den Gedanken, in einem Chiringuito zu arbeiten. Eben, bestenfalls ein Katalane ... Stimmt alles, ein Chiringuito gehört einfach zum Strandleben dazu, basta!

Diese Bars sind in der Regel recht einfach gebaut und öffnen im Sommer täglich, ansonsten eher nur am Wochenende. Ein Chiringuito hat seinen ganz eigenen Rhythmus: Morgens gegen 9 Uhr kommen als Erstes die Küchenhilfen, zumeist Frauen. Sie sind schwer bepackt mit unzähligen Tüten. Inhalt: Tomaten, Reis, Fleisch, Hühnchen und was man sonst so braucht. Sie schnippeln, putzen Gemüse, waschen, kochen, bereiten alles vor. Schließlich, so gegen 10 Uhr, trudeln die Kellner ein. Eine Kippe hängt lässig im Mundwinkel, die Sportzeitung steckt in der Gesäßtasche, unrasiert, mit ultramüden Augen, schleppen sie sich heran. Sie stellen Tische und Stühle parat, putzen den Tresen, stellen Flaschen ins Regal, puzzeln irgendwie herum. Noch nicht recht auf Sendung, aber das macht nichts. Gäste? Fehlanzeige. Höchstens mal ein Ausländer, sozusagen zur falschen Zeit. Die Spanier kommen erst so gegen 12 Uhr oder später. Das ist die Stunde der Männer. So langsam wird es heiß am Strand, Zeit für ein erstes Bierchen. Offiziell heißt es dann vor der Familie: „Ich gehe mal die Paella fürs Mit-

029ca-sm

tagessen bestellen." Und dann stehen sie – die Manolos, Rafas, Pepes – am Tresen, löschen ihren Durst, quatschen über Fußball, Job, Frauen, Politik, Männer-Tresen-Talk eben. So gegen 13 Uhr beginnt dann die Stunde der Kinder. Sie werden von den langsam unruhig werdenden Müttern geschickt, um die Manolos, Rafas und Pepes zu suchen. Aber die wollen ja gar nicht zurück und bestechen die Kinder mit einem Eis. „Sag Mama, dass die Paella für halb drei bestellt ist." Gesagt – getan. Ab 14 Uhr füllt sich der Chiringuito beträchtlich, die Familien der Manolos, Rafas und Pepes rücken geschlossen an. Kein Tisch bleibt frei, ganze Clans machen sich unter viel Diskussion breit. Die Kinder quengeln, Mama schimpft, Papa sitzt halb entspannt, halb schon beduselt und guckt einer Bikinischönheit nach. Alles ein ziemliches Durcheinander bei großer Lautstärke. Die Kellner wuseln nun flink durch die Reihen, die Frauen in der Küche spulen ihr Programm routiniert herunter. Und dann kommt endlich die Paella – Ruhe senkt sich über die Tische. Nach dem Essen hängen alle entspannter auf den weißen Plastikstühlen. Die Kinder kriegen ihr Nachtischeis und sausen zurück an den Strand. Mama trinkt Café cortado, Manolo, Rafa und Pepe jeweils einen Brandy. Es ist mittlerweile 16 Uhr durch, langsamer Aufbruch überall. Die Tische sehen aus wie ein Schlachtfeld, die Kellner schlurfen herbei. Sie sammeln Gläser, Teller, Flaschen ein, rollen die Papiertischdecke ein, putzen einmal über die Tische, rücken Stühle gerade. Gegen 17 Uhr kehrt endgültig so etwas wie Ruhe ein. Der Chiringuito atmet wieder normal, fast im Rhythmus der anrollenden Wellen.

to de Tierra ❶ erkennbar sind. Der Bereich außerhalb dieser Mauer wird noch heute gelegentlich **„extramuros"** genannt, „außerhalb der Stadtmauer". Und dort, also außerhalb der Altstadt, erstreckt sich auch der kilometerlange **Hauptstrand.** Die Strandzone beginnt unmittelbar südlich des Stadttors und verläuft über 4–5 km immer entlang der westlichen Seite der Landzunge, bis schließlich die bewohnte Zone verlassen wird. Aber eigentlich zieht sich der Strand noch weiter, immer parallel zur Straße und zur Bahnlinie bis hinüber zum Festland. Über die gesamte Länge der bebauten Zone wird der Strand von einer **Promenade** begleitet, an der eine Vielzahl von **Restaurants** zu finden sind, auch einige Hotels und sehr viele Apartmentblocks. Obendrein gibt es genügend **Strandlokale**, in denen man sehr gemütlich sitzen kann, u. a. die typischen **Chiringuitos** (s. links).

Die Strandzone trägt offiziell drei Namen: In der Nähe des Stadttors heißt sie **Playa de Santa María del Mar** [bf], ist nicht allzu lang und wird durch zwei weit ins Meer ragende Molen begrenzt. Dort bauen sich auch immer Wellen auf, sodass **Surfer** ihr Glück versuchen. In diesem Abschnitt hat man von der Promenade eine tadellose Sicht auf die Kathedrale ⓭ und Silhouette der Altstadt.

Der folgende, deutlich größere Abschnitt heißt **Playa de la Victoria** [cg]. Er misst etwa drei Kilometer und verläuft direkt vor der bebauten Zone, an der mehrstöckige Apartmenthäuser stehen, aber keine „Hochhausmonster", wie man sie manchmal an anderen spanischen Stränden findet. Die Promenade mit ihren Restaurants führt weiter am Strand entlang und vereinzelt stehen hier Kunstwerke bzw. Skulpturen, die an berühm-

te Söhne und Töchter der Stadt erinnern. Hier befinden sich auch einige große Hotels.

Schließlich folgt die **Playa de la Cortadura** [ch], die schon recht weit außerhalb der Altstadt liegt und über den bebauten und bewohnten Bereich von Cádiz hinaus geht. Der Strand verläuft weiter über mehrere Kilometer parallel zur Ausfallstraße auf der Landzunge, die Cádiz mit San Fernando verbindet. Das heißt auch, dass man den **Wind** hier deutlich stärker spürt. Es gibt einige **Dünen** und sogar eine spärliche Vegetation. Wer Einsamkeit sucht, ist hier genau richtig, man muss aber ziemlich weite Wege laufen und eine Promenade oder Gastronomie gibt es nicht.

Wer frühmorgens entlang der Strandpromenade spaziert, hat diesen Bereich fast für sich alleine und kann das ausgesprochen **weiche Morgenlicht** der über dem Meer aufgehenden Sonne genießen.

› **Anfahrt:** Aus der Altstadt fährt **Bus Nr. 7** bis zum Playa de la Victoria und **Bus Nr. 1** über die Hauptstraße weiter bis nach Cortadura (gleichnamige Bahnstation, liegt am Ortsrand). Die Nr. 7 startet beim Parador-Hotel an der Glorieta de Simón Bolívar [D2] und fährt entlang der Strandseite bis zum Platz Glorieta Ana Orantes (auch Plaza McDonalds genannt) beim Hotel Playa Victoria (s. S. 127). Die Nr. 1 startet bei der Plaza de España 32, verkehrt aber entlang der Hafenseite der Altstadt und nach Passieren des Stadttors 1 etwas entfernter vom Strand durch eine Straße zwischen den Häusern.

Dünen fast wie auf Sylt findet man am Ortsrand von Cádiz, an der Playa de la Cortadura

AUSFLUGS-ZIELE

079ca-as©fotobeam - stock.adobe.com

El Puerto de Santa María

Tagesbesuch in El Puerto de Santa María

Die mittelgroße Stadt liegt an der **Mündung des Río Guadalete**, direkt **gegenüber von Cádiz**, auf der anderen Seite der weit geschwungenen Bucht **Bahía de Cádiz**. Die schmucke Stadt hat eine lange Geschichte, im Ortskern stehen viele hübsche Häuser und es gibt eine große **Sherry-Tradition** (s. S. 68). Mitten in der Stadt locken mehrere große **Bodegas** (s. S. 57), die besucht werden können. Außerdem ist El Puerto de Santa María über die Ortsgrenzen hinaus für seine **Fischlokale** bekannt – die Gambas und der frittierte Fisch aus der Bucht von Cádiz sind legendär.

So lässt sich in dieser Kleinstadt ein entspannter Tag verbringen, man kann zwischen historischen Häusern flanieren, durch mehreren Fußgängerstraßen mit kleinen Geschäften schlendern und sich kulinarisch verwöhnen lassen. Wenigstens eine Fahrt – entweder bei der An- oder der Abreise – sollte man mit der kleinen **Fähre** unternehmen, die regelmäßig durch die Bucht von Cádiz pendelt.

Geschichte

Die frühe Stadtgeschichte bleibt ein wenig im Dunkeln und wird von **Legenden** getragen. So soll der Herrscher von Athen, Meuestheo, nach dem Krieg um Troja geflüchtet und nach langen Jahren der Wanderschaft entlang der Mittelmeerküste ausgerechnet hier gelandet sein und eine Siedlung namens El Puerto de Meuestheo („Hafen von Meuestheo") gegründet haben. Durch archäologische Funde ist gesichert, dass Griechen tatsächlich hier angelandet waren, ebenso wie Phönizier. 711 kam auch dieser Ort unter muslimische Herrschaft und 1260 eroberte **Alfonso X.** den Hafenort, dem er den Namen Santa María del Puerto verlieh.

Ende des 15. Jh. verbrachte **Christoph Kolumbus** (s. S. 20) hier zwei Jahre und lernte Juan de la Cosa kennen, den späteren Kapitän seines Flaggschiffes „Santa María" während der ersten Entdeckungsfahrt 1492. Das 15. und 16. Jh. waren eine wirtschaftlich erfolgreiche Epoche, da nach der „Entdeckung" und **Kolonialisierung Amerikas** (s. S. 102) wichtige Behörden ihren Sitz in der Stadt hatten und sich zahlreiche Händler hier niederließen. Der Kolonialhandel durfte nach königlichem Dekret lange Jahre ausschließlich über Sevilla laufen, doch da ein Teil der Handelsaktivitäten von örtlichen Kaufleuten organisiert wurde, fiel auch einiges für den kleinen Ort ab. Später, als das **Handelsmonopol** auf Cádiz überging, profitierte El Puerto de Santa María noch mehr, was sich noch heute an einigen herrschaftlichen Häusern erkennen lässt. Als das Monopol schließlich 1778 aufgehoben wurde, lebte der Ort vom **Fischfang**, aber noch mehr von den großen Produktionsstätten der **Wein- und Sherry-Bodegas**, die hier eröffneten und nach wie vor bestehen.

◁ Vorseite: Die Kathedrale 41 von Jerez steht mitten im Stadtzentrum

▷ Das mächtige Castillo de San Marcos in El Puerto de Santa María

073ca-as©JMDuran Photography - stock.adobe.com

Stadtbild

Wie bereits erläutert, floss im Zuge des regen Warenhandels zwischen den Kolonien und Südspanien auch Wohlstand in den Ort. Rasch war El Puerto de Santa María bekannt als die **Stadt der hundert Paläste**, was ja schon viel aussagt. Aus dieser Phase, insbesondere aus dem 15. bis 17. Jh., stehen noch einige **Adelshäuser** im Ortskern. Ansonsten ist das Stadtbild im Bereich des Hafens – und somit im Zentrum – von Häusern der vorletzten Jahrhundertwende geprägt.

Viele Gebäude erinnern an **karibische oder südamerikanische Straßenzüge:** etwa zwei bis drei Etagen hoch, vergitterte Fenster an der Straßenseite, kleinere Gauben, die aus kaum mehr als einem Fensterchen bestehen, und oben flattert auf einer flachen Dachterrasse die Wäsche. Heute wird der Ortskern auch von etlichen **Fischrestaurants** geprägt.

Das Zentrum ist nicht übermäßig groß. Egal, ob man per Fähre aus Cádiz anreist oder mit der Bahn bzw. dem Bus, es sind nur **wenige Schritte bis in die Altstadt.** Dort kann man sich treiben lassen, als Orientierung dient die **Wasserkante** des Flusses. Entlang der Uferstraße finden sich viele Fischlokale – diese Zone wird **Ribera del Marisco** genannt, „Uferstraße der Meeresfrüchte". In den Stadtkern mit den Geschäften führen Stichstraßen, im Zentrum gibt es **Fußgängerzonen.** Die zentrale Sehenswürdigkeit ist die Festung Castillo de San Marcos 37.

37 Castillo de San Marcos ★★

Mitten im Zentrum gelegen ist das wuchtige Castillo de San Marcos, eine ehemalige **Festung mit Ausguck,** von dem aus die Hafeneinfahrt kontrolliert wurde. Sowohl die Außenmauern als auch der gesamte Gebäudekomplex sind sehr gut erhalten. Man kann sich die Wehrhaftigkeit lebhaft vorstellen. Erbaut im 13. Jh. auf den Resten einer kleinen **Moschee,** entstand die Schutzburg mit einer angeschlossener Kirche. Von der alten Moschee ist noch eine Gebetsecke verblieben. Den Besuch der Festung kann man mit einer **Besichtigung einer benachbarten Bodega** inkl. **Wein- bzw. Sherryprobe** kombinieren.

› Pl. Alfonso X el Sabio s/n, https://castillodesanmarcos.com/en, geöffnet: Juni-Ende Sept. 10-20, sonst bis 16 Uhr, Führungen mit/ohne Bodegatour Do-So 13 Uhr, Juni-Mai auch Do-Sa 19 Uhr, Eintritt: 8 € mit Audioguide, 10 € mit Führung, 14 € inkl. Bodegatour

036ca-sm

38 Iglesia Mayor Prioral ★

Die Kirche Iglesia Mayor Prioral de Santa María de los Milagros an der Plaza España ist die **Hauptkirche des Ortes** und wurde im 15. Jh. erbaut. Der Name leitet sich aus jenen Tagen ab, als die Kirche das wichtigste Priorat der Diözese von Sevilla war. Betreten wird sie durch die **Puerta del Sol,** deren Portal hübsch in barocker Pracht verschnörkelt ist. Im Inneren gibt es mehrere Kapellen, u. a. die Capilla de la Virgen de los Milagros mit dem Bildnis der Stadtpatronin. Sehenswert ist der Hochaltar aus mexikanischem Silber aus dem Jahr 1682.

› Pl. de España s/n, www.iglesiamayorprioralelpuerto.com, geöffnet: Mo-Fr 8.30-13 u. 18-21, Sa 8.30-12.30 u. 18-21, So 8.30-14 u. 18.30-21 Uhr, Eintritt frei

39 Museo Municipal ★

Das **Stadtmuseum** ist in einem schönen, herrschaftlichen Haus untergebracht. Es zeigt ein breites Spektrum an Funden aus der Region, darunter auch Fossilien. Die archäologischen Fundstücke stammen von unterschiedlichen lokalen Siedlungsstellen und Kulturen, teils aus der Stein- und Bronzezeit sowie von späteren Kulturen (Phönizier, Römer, Westgoten).

Im Erweiterungsbau **Sala Museo Hospitalito** finden sich Exponate aus dem Mittelalter und aus islamischer Zeit. Außerdem gibt es eine Abteilung der Schönen Künste (Bellas Artes) mit Werken lokaler Künstler.

› c/ Pagador 1, Tel. 956542705, geöffnet: Mo-Sa 10-14 Uhr, Eintritt frei

Auch in El Puerto de Santa María gibt es schöne Gassen zum Flanieren

Bodegas

Wie in Jerez (s. S. 67) lassen sich auch in El Puerto de Santa María Bodegas besichtigen, natürlich mit Erläuterungen zum Herstellungsprozess (s. S. 68) einschließlich Kostproben.

★1 **Bodega Gutiérrez Colosía,** Av. Bajamar 40, Tel. 956852852, www.gutierrezcolosia.com, geführte Besichtigung mit Verköstigung um 11 Uhr (Englisch), 12.30 Uhr (Spanisch), Eintritt: 12 €

★2 **Bodega Osborne,** c/ Los Moros 7, Tel. 956869100, www.osborne.es, Besichtigung nach Voranmeldung Mo–Fr 10–15 Uhr, Führung in mehreren Sprachen: 11 Uhr (Deutsch), 10 Uhr (Englisch), sonst auf Spanisch, Eintritt: 18 €

Anreise

Von Cádiz kann man gut mit **öffentlichen Verkehrsmitteln** nach El Puerto de Santa María reisen – per Schiff, Bahn oder Bus – am schnellsten ist die Fahrt mit der Fähre.

Wer mit dem **Auto** kommt, findet kostenpflichtige **Parkplätze** beim kleinen Fährterminal (ausgeschildert), zum Beispiel:

P3 **Parking Público Bajamar 2,** Av. de la Bajamar 48

Per Schiff

Es verkehrt eine reguläre **Fähre** von und nach Cadiz. Die Fahrzeiten sind Mo–Fr 7.45–21.40 Uhr etwa stündlich, in Spitzenzeiten öfter, Sa/So deutlich seltener, und zwar 10–21 Uhr etwa alle 2 Std. (Fahrzeit: ca. ½ Std., Preis für die einfache Fahrt: 2,80 €). Die Tickets kauft man am Ticketschalter am jeweiligen Hafen. Der **Hafen (Terminal Marítima El Puerto de Santa María)** liegt am Río Guadalete ein Stück flussaufwärts auf der westlichen Uferseite.

› **Infos:** https://siu.cmtbc.es/en/horarios_lineas_tabla.php?linea=15

•4 [J3] **Terminal Marítima Cádiz,** Puerto de Cádiz s/n, erreichbar über Plaza de Sevilla

•5 **Terminal Marítima El Puerto de Santa María,** Av. de la Bajamar s/n

Per Bahn

Der **Bahnhof von El Puerto de Santa María** liegt knapp außerhalb des Zentrums, an der Plaza de la Estación. Von dort gelangt man in knapp 10 Min. zu Fuß ins Ortszentrum. Direkt vor dem Bahnhof befindet sich draußen ein großer Stadtplan. Am Bahnhof hält die Nahverkehrslinie **Cercanías,** die Jerez und Cádiz verbindet und auf der Strecke in El Puerto de Santa María haltmacht (Fahrzeit: ca. 35 Min., Frequenz: 6–22 Uhr alle 30–40 Min., Preis für die einfache Fahrt: 3,40 €).

› **Infos:** https://siu.cmtbc.es/en/horarios_lineas_tabla.php?from=1&linea=158

Per Bus

Die wichtigsten beiden Stationen in El Puerto de Santa María liegen beim **Bahnhof** und bei der **Stierkampfarena,** von beiden ist das Zentrum gut zu Fuß erreichbar. Vom Busbahnhof in Cádiz fährt regelmäßig etwa stündlich der **Bus M-40** hierher (Fahrzeit: ca. 30–40 Min., Preis für die einfache Fahrt: 2,80 €).

› **Infos:** https://siu.cmtbc.es/en/horarios_lineas_tabla.php?linea=13

Infostelle

ℹ6 **Touristeninformation El Puerto de Santa María,** Palacio Reinoso Mendoza, Pl. del Polvorista 2, Tel. 956483715, www.turismoelpuerto.com, Mo–Sa 10–14 u. 17–19, So 11–14 Uhr

Gastronomie

7 Casa Paco Ceballos €, Ribera del Marisco 6, Tel. 956542908, geöffnet: Mo/Di, Do–Sa 12–23.30, So 12–18 Uhr. Das Lokal ohne viel Schnickschnack bietet Speisen von guter Qualität. Es hat ebenfalls eine Terrasse. Serviert werden Tapas, hausgemachte Eintöpfe, Tellergerichte und natürlich Fisch sowie Meeresfrüchte.

8 Freiduría Romerijo €, Ribera del Marisco 1, Tel. 956541254, www.romerijo.com, geöffnet: tägl. 10–24 Uhr. Eines der größten Lokale an der Kneipenmeile mit einer unschlagbaren Auswahl, mittlerweile in zwei Gebäuden. Angeschlossen ist ein Laden mit Meeresfrüchten, die man nach Gewicht kaufen und, schlicht in Papier eingepackt, an einem der Tische im Lokal oder auf der Terrasse verzehren kann, Getränke bringt dann die Bedienung.

9 Los Portales €€, Ribera del Marisco 7, Tel. 628909696, www.restaurantelosportales.com, geöffnet: tägl. 12–18 u. 20–24 Uhr. Seit Jahren bewährtes Lokal für Fisch und Meeresfrüchte, auch Tapas am Tresen. Die Gerichte sind überwiegend sehr fantasievoll zusammengestellt und dekorativ auf dem Teller platziert (das Auge isst mit). Kein Billigladen, nettes Ambiente, aufmerksamer Service.

Jerez de la Frontera

Tagesbesuch in Jerez

Jerez ist eine mittelgroße Stadt mit einem historischen Kern, **ca. 30 km nördlich von Cádiz** gelegen. Wer heute durch das Zentrum von Jerez schlendert, erlebt einen harmonischen Mix aus urigen Weinlokalen, Tapasbars und modernen Shoppingzonen, ergänzt um zahlreiche Kirchen sowie ein gutes Dutzend **Wein- und Sherry-Bodegas** (s. S. 67), die mitten in der Stadt zu finden sind und besichtigt werden können. Jerez gilt als die **Hauptstadt des Sherrys** (s. S. 68), der in Spanien *jerez* heißt. Praktisch alle Bodegas laden zur Besichtigung mit Erklärungen in mehreren Sprachen ein. Und natürlich rundet ein Ausschank jeden Besuch ab.

Daneben steht für viele ein Besuch der **Königlich-Andalusischen Reitkunstschule** 40 auf dem Programm. An bestimmten Tagen wird dort ein spezielles Showprogramm geboten. Auch der **Flamenco** (s. S. 59) spielt in Jerez eine bedeutende Rolle.

Es gibt viel zu sehen in Jerez, für einen Tag eigentlich fast zu viel. Wer nach der Hofreitschule und einer Bodega noch Zeit und Energie hat, der

035ca-sm

kann der **Kathedrale** 41 und dem Festungspalast **Alcázar** 42 einen Besuch abstatten – oder aber einer der weiteren Kirchen, wobei sich vor allem die schöne **Iglesia de San Miguel** 44 lohnt, nicht nur wenigen ihrer opulenten Pracht, sondern auch weil der Eintritt im Ticket für die Kathedrale eingeschlossen ist.

Lohnend ist ferner einen Blick in die **Markthalle Mercado de Abastos** 45, denn selten findet man noch solch ein quirliges, authentisches Marktgeschehen wie hier in Jerez.

Die Sehenswürdigkeiten liegen im Ortskern **fußläufig** beieinander. Vom Bahnhof gelangt man in ca. 15 Minuten zu Fuß in die City, alternativ bietet sich auch ein Taxi an.

Alljährlich im Frühjahr findet in Jerez ein bedeutendes spanisches **Motorradrennen** (s. S. 94) statt.

Geschichte

Die Historie führt weit zurück, denn bereits zwischen 1000 und 500 v. Chr. lebte hier vermutlich das Volk von **Tartessos**, von dem man nicht viel weiß, außer dass es Handel mit Silber mit den Phöniziern trieb. Nachweislich etablierten sich in dieser Zeit auch Griechen und Phönizier mit Handelsniederlassungen an der Küste, die sich im Hinterland bis ins heutige Jerez erstreckten. Ab dem Jahr 206 v. Chr. waren die **Römer** in Jerez präsent, die aber zunächst auf erheblichen Widerstand stießen, u. a. auch vom Volk von Tartessos. Erst im Jahr 187 v. Chr. konnten die Römer endgültig Fuß fassen. Sie stabilisierten die Region, es folgte eine längere friedvolle Phase, in der der Mittelmeerhandel blühte und so für einen gewissen Wohlstand sorgte. Gehandelt wurden Getreide, Öl, eingesalzene Fische und vor allem Wein. Wie fast überall in Spanien wurde die römische Herrschaft dann durch westgotische Stämme abgelöst.

◁ *Die Statue von Miguel Primo de Rivera dominiert die Plaza del Arenal* 43

MEIN TIPP

Flamenco-Show am Nachmittag

Tablao Puro Arte ist eine **hoch gelobte Bühne.** Eine Show findet abends um 22 Uhr statt, aber es gibt teilweise auch eine Veranstaltung am Nachmittag um 14.30 Uhr, was absolut ungewöhnlich ist und damit attraktiv für Tagesbesucher in Jerez.

10 Tablao Puro Arte, c/ Madre de Dios 10, www.puroarteflamencojerez.com

Mit der Ankunft der **Mauren** im Jahr 711 begann eine neue kulturelle Phase, in dieser Zeit entstand erstmals der Name **Xerez.** Die Stadt erhielt eine Befestigungsanlage, es entstanden Moscheen und Paläste und auch der Weinanbau wurde weiter betrieben. Jerez blieb für immerhin 537 Jahre unter muslimischer Herrschaft, anfänglich unter dem Kalifen von Córdoba, später unter den Regionalfürsten von Málaga und Sevilla. 1264 wurde Jerez von einem christlichen Heer unter König **Alfonso X.** erobert, oder, wie es in der spanischen Lesart heißt, befreit. Es war der Tag des hl. Dionysius (9. Oktober), der seitdem Stadtpatron von Jerez ist. Jerez blieb noch lange Grenzstadt zum verbliebenen maurischen Reich, daher stammt auch sein heutiger vollständiger Name **Jerez de la Frontera** („Jerez an der Grenze“). Die Stadt erlebte deswegen anfänglich noch Versuche der Rückeroberung durch die Mauren, die aber alle

Jerez de la Frontera

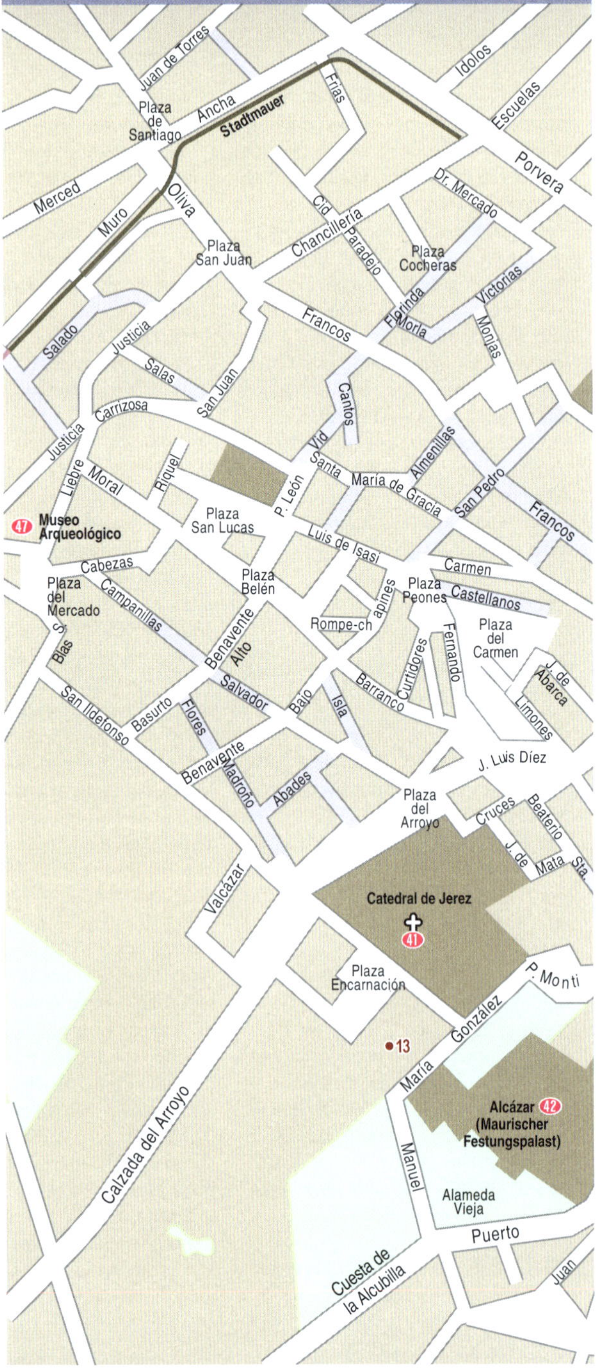

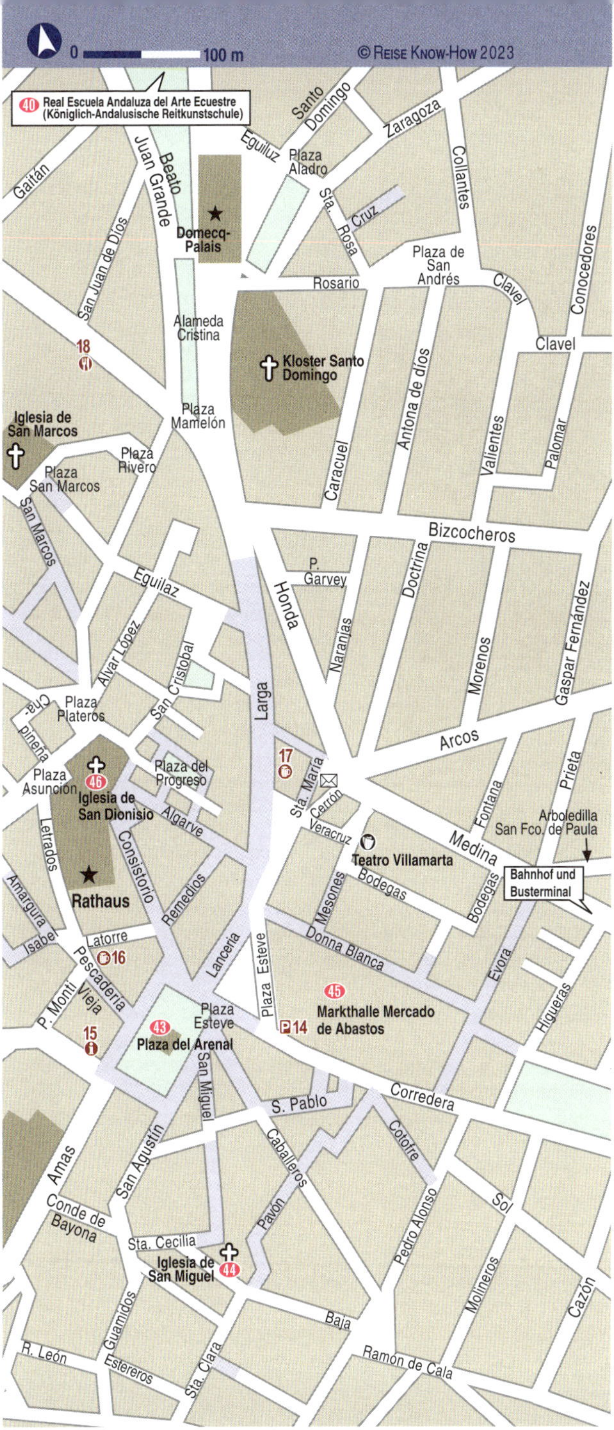
0
100 m
© Reise Know-How 2023
40 Real Escuela Andaluza del Arte Ecuestre (Königlich-Andalusische Reitkunstschule)
Santo Domingo
Zaragoza
Eguiluz
Plaza Aladro
Gaitán
Juan Grande
Beato
Domecq-Palais
Sta. Rosa
Cruz
Collantes
Plaza de San Andrés
Rosario
Clavel
Conocedores
San Juan de Dios
Alameda Cristina
Kloster Santo Domingo
18
Plaza Mamelón
Antona de dios
Valientes
Palomar
Caracuel
Iglesia de San Marcos
Plaza Rivero
Plaza San Marcos
San Marcos
Bizcocheros
P. Garvey
Doctrina
Honda
Eguilaz
Naranjas
Morenos
Gaspar Fernández
Alvar López
San Cristobal
Larga
Plaza Plateros
Cha-pineña
Arcos
17
Plaza del Progreso
Plaza Asunción
46
Iglesia de San Dionisio
Algarve
Sta. María
Cerrón
Veracruz
Fontana
Prieta
Arboledilla San Fco. de Paula
Medina
Teatro Villamarta
Bahnhof und Busterminal
Letrados
Consistorio
Remedios
Mesones
Bodegas
Amargura
Rathaus
Isabel
Latorre
16
Donna Blanca
Evora
Pescadería Vieja
Lanceria
Plaza Esteve
P. Monti
45
Markthalle Mercado de Abastos
Higueras
15
43
Plaza del Arenal
Plaza Esteve
14
San Miguel
Corredera
S. Pablo
Cotofre
Amas
San Agustín
Caballeros
Conde de Bayona
Pavón
Pedro Alonso
Sol
Sta. Cecilia
Iglesia de San Miguel
44
Molineros
Cazón
Guarnidos
Baja
R. León
Estereros
Sta. Clara
Ramón de Cala

034ca-sm

scheiterten.1492 wurden die letzten verbliebenen Muslime in Granada besiegt und ganz Spanien war damit wieder christliches Land.

Dank der **Weinproduktion** gewann die Stadt in den folgenden Jahrhunderten einen gewissen **Wohlstand**, denn der Wein wurde exportiert, vor allem in die **Kolonien** in Amerika (s. S. 102). So kam es zu der ungewöhnlichen Situation, dass alteingesessene Adlige neben neureichen Weinbauern existierten, wobei Letztere oftmals sehr viel reicher waren und obendrein nicht selten aus dem Ausland stammten, aus England, Holland oder Belgien, wie noch heute einige Namen bedeutender Bodegas zeigen. Auch im 18. Jh. gab es diese Situation noch, auch lebten viele **Tagelöhner** und Kleinbauern in Jerez, die für die Adligen und auf den Weingütern arbeiteten. Erst im späten 19. Jh. und im 20. Jh. änderte sich dies, denn viele andalusische Tagelöhner wanderten ab – zunächst nach Nordspanien, nach Bilbao und Barcelona, wo es Arbeit in der Industrie und in Fabriken gab, und ab Mitte des 20. Jh. gleich ins Ausland nach Nordeuropa. Auch der **Spanische Bürgerkrieg** (1936–1939) brachte viel Leid nach Andalusien und verstärkte die Abwanderung. Wein wurde in all den Jahren trotzdem produziert. Ab den 1960er-Jahren konnten die Sherry-Barone ihren Wein verstärkt ins Ausland verkaufen, denn **ausländische Urlauber** kamen in ihren Ferien an den spanischen Küsten auf den Sherry-Geschmack.

40 Real Escuela Andaluza del Arte Ecuestre (Königlich-Andalusische Reitkunstschule) ★★★ [S. 60]

Die Königlich-Andalusische Reitkunstschule wurde 1973 von **Alvaro Domecq** gegründet. Sie befindet sich in einem weitläufigen **Parkgelände**, nicht weit vom Zentrum entfernt. Die **Pferde**, die zumeist zur sogenannten *pura raza española* zählen, also reinrassige spanische Tiere und Nachkommen einer starken arabischen Rasse sind, werden hier dressiert. Sie zeigen Formationen, Sprünge und bestimmte Seitwärtsbewegungen, die

Stolzer Sherry-Baron vor der Kathedrale von Jerez

Eingangsportal der Königlich-Andalusischen Reitkunstschule

in der Gesamtheit ein choreografisch abgestimmtes Bild ergeben. Einige Pferde haben schon Medaillen in der klassischen Dressur bei nationalen und internationalen Wettbewerben, ja sogar bei den Olympischen Spielen gewonnen.

Im Rahmen eines **Showprogramms** kann man die Pferde erleben. Die Show wird dienstags und donnerstags unter dem Motto „Como bailan los caballos andaluces" („Wie die andalusischen Pferde tanzen") vorgeführt.

› Av. Duque de Abrantes s/n, Tel. 956319635, www.realescuela.org
› **Showprogramm:** Di (März–10. Dez.) und Do (ganzjährig) um 12 Uhr, im Aug./Sept. auch Fr um 12 Uhr, Eintritt: 23–30 €, erm. 14–19 €. Es gibt auch ein Kurzprogramm jeden Do 10–14 Uhr, Eintritt: 7 €. Fotografieren und Filmen ist streng verboten.

41 Catedral de Jerez ★★ [S. 60]

Die Kathedrale von Jerez erhielt erst 1980 ihre päpstliche Weihe, bis dahin trug sie den Namen **Iglesia de San Salvador.** Erbaut wurde sie zwischen 1695 und 1778, was zu einem Stilmix zwischen **Gotik und Barock** führte. Sie befindet sich an jener Stelle, wo einst zur Zeit der Mauren eine wichtige Moschee stand. Es handelt sich um die größte Kirche der Stadt, die als Besonderheit einen abseits stehenden **Glockenturm** aufweist, vermutlich anstelle des früheren Minaretts der Moschee. Der Turm lässt sich auch erklimmen.

Das **Hauptportal** wird über eine gewaltige und beeindruckende **Freitreppe** erreicht. Es zeigt sich reich verziert mit zwei seitlichen Säulen, in Stein gemeißelten Bildnissen und feinen Verschnörkelungen.

Das **Kirchengebäude** ist rechteckig gebaut mit einer Länge von 54 und einer Breite von 41 Metern. Es gliedert sich in fünf Kirchenschiffe, die in Form eines lateinischen Kreuzes ausgerichtet sind. Es ist ungewöhnlich hell im Inneren, die wuchtigen Säulen tragen die 40 Meter hohe Kuppel, dort sind auch Skulpturen der zwölf Apostel zu finden. Im Inneren fallen vor allem das Chorgestühl und der reich geschmückte Altar auf. An den Seiten liegen weitere beeindruckende Kapellen mit verschiedenen Heiligenbildnissen sowie einem Gemälde von **Francisco de Zurbarán** mit dem Titel „La Virgen Niña" – es zeigt die Gottesmutter als Kind. Im Hintergrund steht die aus Silber gefertigte Monstranz (Hostiengefäß), die zur Osterprozession durch die Straßen von Jerez getragen wird.

› Pl. de la Encarnación s/n, Tel. 956169059, www.catedraldejerez.es, geöffnet: Mo–Sa 10–20, So 13–20 Uhr, Eintritt: 6 € inkl. Audioguide, mit Turmbesteigung 7 € (Kombiticket mit Iglesia de San Miguel 44)

078ca-as©Horváth Botond - stock.adobe.com

42 Alcázar (Maurischer Festungspalast) ★★ [S. 60]

Gleich neben der Kathedrale 41 steht der Alcázar, erbaut im 12. Jh. Im Inneren sind noch vereinzelte Bestandteile aus der arabischen Epoche erhalten, wie die Moschee oder die arabischen Bäder, die Ölmühle sowie der ruhige und schön gestaltete **Garten.**

Bereits der Eingang, die **Puerta de la Ciudad (Stadttor)**, ist beeindruckend wuchtig und verläuft durch einen kleinen Tunnel in einem abknickenden Winkel, um potenziellen Feinden den Zugang zu erschweren. Die alte **Moschee** ist die einzige erhaltene in Jerez und sie beeindruckte sogar den Eroberer König Alfonso X. derart, dass er die Zerstörung ausdrücklich verbat und nicht einen Stein entfernen ließ.

Nach der **Reconquista („Wiedereroberung“)** hatte man eine Kirche in den Alcázar hineingebaut und später noch einen Palast für Don Villavicencio hinzugefügt, der hier ab 1664 regierte.

Zu sehen sind daneben noch die ehemaligen **arabischen Bäder (Los Baños árabes)**, die gewaltige **Festungsmauer** und mehrere Wachtürme, darunter auch der **achteckige Turm**, der mit einer Höhe von 21 Metern das höchste Bauwerk der Festung ist. 1264 hissten die christlichen Eroberer hier die Fahne von Kastilien, die in der Stadt weithin sichtbar war und die als Zeichen galt, dass die bisherigen islamischen Herrscher besiegt waren. Weite Teile im Inneren sind gärtnerisch gestaltet und hübsch begrünt.

Beeindruckend ist zudem das barocke Palasthaus **Palacio de Villavicencio**, wenngleich im Inneren gar nicht so viel zu sehen ist. Im dritten Stock befindet sich eine historische Apotheke aus dem 19. Jh. mit Originalmöbeln aus schönem Holz und in einem Turm steht eine fest installierte **Camera obscura.** Hier wird in einem abgedunkelten Raum ein seitenverkehrtes Bild des Außenbereichs auf die Wände projiziert.

› Alameda Vieja s/n, Tel. 956149955, geöffnet: tägl. 9.30–14.30 Uhr, Juli–Sept. Mo–Fr 9.30–17.30, Sa/So 9.30–14.30 Uhr, Eintritt: 5 €, erm. 1,80 €, mit Camera obscura 7/4 €, Eintritt frei im Sommer Mo 16.30–17.30, im Winter Mo 13.30–14.30 Uhr

43 Plaza del Arenal ★ [S. 60]

Die Plaza del Arenal ist ein großer, offener Platz mitten im Zentrum von Jerez und damit auch eine Art **Orientierungspunkt** und kleiner **Erholungsort.** Hier stehen Ruhebänke und in einem Springbrunnen plätschern kleine Fontänen. Optisch beherrscht wird der Platz von einem **Reiterstandbild von Miguel Primo de Rivera**, einem spanischen General aus Jerez, der zwischen 1923 und 1930 eine Militärdiktatur in Spanien installierte und dieser auch vorstand.

Der Platz ist uralt, er grenzte schon immer an den Alcázar 42. Mehrere kleinere Straßen – heute fast alle Fußgängerbereiche – und die wichtige Straße **calle Larga** beginnen bzw. enden hier. Außerdem findet man die stets gut besuchte **Markthalle von Jerez** 45 gleich ums Eck.

Kunstvoll gefertigter Altar in der Iglesia de San Miguel

44 Iglesia de San Miguel ★★★ [S. 60]

Diese Kirche gilt vielen Bewohnern als die schönste der Stadt, denn sie glänzt mit einer prachtvollen Innendekoration.

Auch diese Kirchengründung geht auf König **Alfonso X.** zurück, damals noch als kleine Kapelle außerhalb der Stadtmauern. Erst im 15. Jh. begann man nach einem Besuch der spanischen Könige mit dem gezielten Vergrößern und Verschönern, diese Arbeiten zogen sich bis ins 18. Jh. hin.

Die dreischiffige Kirche mit **gotischer Fassade** ist reich geschmückt. Licht fällt durch insgesamt 23 im französischen Tours gefertigte **Fenster**, die nicht nur einfach Helligkeit ins Innere lassen, sondern auch für farbenfrohe Lichtspiele sorgen. Der kunstvoll gefertigte **Altar** (ab 1617) ist mit einer Vielzahl von Skulpturen geschmückt und stammt hauptsächlich von einem Meister der Holzschnitzkunst, der in vielen großen Kirchen herausragende Skulpturen erschuf: **Juan Martínez Montañés** (1568–1649). Man nannte ihn nicht zu Unrecht „Gott des Holzes" – kaum jemand konnte Gesichtszüge und Details derart genau herausarbeiten, sodass er von überall Aufträge bekam, auch von den großen Kirchen aus Südamerika.

› Pl. de San Miguel s/n, Tel. 956338800, geöffnet: Mo–Sa 11–16 Uhr, Eintritt: 6 bzw. 7 € (Kombiticket mit Kathedrale 41)

45 Markthalle Mercado de Abastos ★★ [S. 60]

Eine Stippvisite in dieser schönen Markthalle sollte sich niemand entgehen lassen, sie ist ein wahres Fest für die Sinne.

Erbaut wurde das **neoklassizistische Gebäude** zwischen 1873 und 1885, in späteren Jahren wurde es mehrfach renoviert. Heute findet man unter dem Dach **115 Verkaufsstände.** Grundsätzlich ist das Angebot verteilt auf drei Abteilungen: Fisch,

038ca-sm

039ca-sm

Fleisch und Obst/Gemüse. Aber natürlich gibt es auch Käse, Backwaren, Gewürze oder Basttaschen – und von allem eine unglaubliche Vielfalt. Daneben locken einige **Bars.** Die Kunden gehen zielsicher zu „ihrem" Händler, von dem sie wissen, dass er ganz bestimmte Oliven oder eine besondere Fischsorte hat und überhaupt das Beste vom Besten. In der Markthalle geht es quirlig und wuselig zu, teilweise ist es auch laut und insgesamt sehr lebendig, was man nicht mehr von jedem Markt in Spanien sagen kann. Auch draußen vor der Halle wird gehandelt, stillschweigend geduldet von der entspannt vorbeischlendernden Polizei.

› c/ Doña Blanca 8,
geöffnet: Mo–Sa 8–14 Uhr

46 Iglesia de San Dionisio ★★ [S. 60]

Die Iglesia de San Dionisio ist eine weitere Kirche, deren Gründung im Jahr 1264 auf **Alfonso X.** zurückgeht. Diese **gotische Kirche** an der Plaza de la Asunción erinnert an den **hl. Dionysius**, an dessen Gedenktag, dem 9. Oktober, christliche Heere die Stadt einnahmen und die Araber vertrieben. Seitdem ist der Heilige der Stadtpatron von Jerez de la Frontera.

Die Kirche wurde im 15. Jh. weitreichend verändert, seitdem sind viele Elemente der ursprünglichen Gotik vermischt mit dem **Mudéjarstil** (s. S. 25), erkennbar beispielsweise an den Fenstern der Hauptfassade. Im 18. Jh. kamen bei einer weiteren Renovierung barocke Elemente hinzu. Die dreischiffige Kirche hat nur wenige Seitenkapellen, in einer davon ruht die liegende **Skulptur des Cristo de las Aguas** aus dem 16. Jh. Der Hauptaltar war ursprünglich für ein Jesuitenkolleg bestimmt, gelangte jedoch 1776 als Schenkung von König Carlos III. in diese Kirche.

Direkt neben der Kirche erhebt sich der wuchtige historische Wachturm, der **Torre de la Atalaya** aus der Mitte des 15. Jh. (nicht zu besichtigen). Er wird übersetzt auch „Uhrenturm" genannt, da hier die erste öffentliche Uhr der Stadt eingebaut war.

› Pl. Asunción s/n, Tel. 956342940,
geöffnet: Mo–Do 10–12, u. 18.30–20, Fr 18.30–20, Sa/So 12–14 Uhr, Eintritt frei

Dunkle oder helle Trauben? Die Auswahl in der Markthalle 45 ist groß.

47 Museo Arqueológico ★★ [S. 60]

Die Gründung des **Archäologischen Museums** geht auf das Jahr 1873 zurück. Hier sind hauptsächlich archäologische Funde aus der Region ausgestellt. Angefangen mit Exponaten aus der Frühzeit (Stein- und Eisenzeit) widmet sich das Museum auf drei Ebenen in mehreren Sälen auch späteren Epochen: der Herrschaft der Römer und Westgoten, der islamischen und christlichen Zeit und schließlich der Moderne.

› Pl. del Mercado s/n, Tel. 956149560, https://web.jerez.es/en/webs-municipales/archaeological-museum, geöffnet: Di–So 9–15 Uhr, Eintritt: 5 €, erm. 1,80 €, jeden ersten Sa im Monat Eintritt frei

Sherry-Bodegas

Wein und Sherry aus Jerez sind **weltbekannt** und werden in der Region schon sehr lange produziert. Die **Phönizier** sollen um 1100 v. Chr. erste Rebstöcke nach **Andalusien** gebracht haben und selbst während der fünfeinhalb Jahrhunderte andauernden islamischen Epoche wurde in Jerez Wein angebaut, und zwar für medizinische Zwecke. Die Erde hier scheint perfekt zu sein für den Weinbau. Der seltene Regen versickert nicht gleich im Boden, die herangewehte Feuchtigkeit des nahen Meeres mischt sich mit der Dauerhitze Andalusiens und lässt vor allem drei Traubensorten gut gedeihen: **Moskatel, Pedro Ximénez** und **Palomino.** Daraus werden dann die verschiedenen Sherry-Sorten hergestellt, die von Süß bis Herb und Trocken reichen, wobei die sehr süßen Weine als „Cream" vor allem für den britischen Markt hergestellt werden.

Die riesigen **Bodegas**, die auch **„Kathedralen des Weins"** genannt werden, stehen wie selbstverständlich inmitten der Stadt und verströmen ein einzigartiges Aroma. Um die Dimensionen zu erfassen, sollte man einmal im Rahmen einer **Führung** durch eine

Der Besuch einer Sherry-Bodega ist belebend für Geist und Gaumen

Das Who's who des Sherry

In Andalusien stehen etliche Kathedralen, groß, luftig und von einem steten Alkoholdunst durchzogen. Keine Gotteshäuser sind hier gemeint, sondern Bodegas. Eine Bodega wird nämlich gern mit einer „catedral" verglichen. In den Bodegas wird Sherry produziert. Das geschieht in riesigen Fässern mit einem Fassungsvermögen von etwa 530 Litern. Die Fässer sind aus amerikanischer Eiche gefertigt und stehen in langen Reihen, drei oder vier übereinander.

Das Herstellungsprinzip ist im Grundsatz ganz einfach: Der junge Wein wird ins obere Fass gekippt und ruht dann ein halbes Jahr. Die Fässer werden dabei nie gänzlich gefüllt, sondern nur mit etwa 500 Litern, sodass immer auch ein wenig Luft darin verbleibt. Nach etwa einem halben Jahr wird ein Teil des Weines aus den einzelnen Fässern jeweils in das darunter umgefüllt, wobei dieser Prozess von oben nach unten fortgeführt wird. Ganz unten steht die „solera", das untere Fass. Das Wort „solera" leitet sich von „suelo" („Boden") ab. In der „solera" befindet sich immer der älteste Wein, der in Flaschen abgefüllt wird. Durch das mehrfache Umfüllen bezweckt man, eine gleichbleibende Qualität zu erzielen.

Es gibt grundsätzlich zwei verschiedene Sherry-Typen: „fino" und „oloroso". „Fino" hat einen Alkoholgehalt von 15 %. Bei seiner Herstellung bildet eine Hefepilzkultur oben im Fass, also an der Luft, eine Schicht, die „flor" („Blume") genannt wird. Diese zerfällt nach einem halben Jahr, vermischt sich mit dem Weingeschmack und eine neue „flor" bildet sich. „Finos" sind trockene Weine von hellgelber Farbe. Sie schmecken am besten leicht gekühlt.

„Manzanilla" ist ebenfalls ein trockener Wein mit 15 % Alkohol. Er wird vor allem in Sanlúcar de Barrameda produziert. Bei seiner Herstellung bildet sich zwar eine Blume, diese zersetzt sich aber nicht. Die Folge: Der Wein schmeckt milder und hat eine noch hellere Farbe als der „fino".

„Oloroso" hat 17 % Alkohol. Dieser höhere Gehalt verhindert eine „Flor"-Bildung. So hat der Wein unmittelbaren Kontakt zum Sauerstoff und oxidiert stärker. Er bildet eine dunkle Farbe aus und hat einen weichen Geschmack.

Manche Bodega süßt für den Export auch gezielt nach. So entsteht ein „cream": ein „oloroso", der besonders stark gesüßt wurde.

„Amontillado" hat ebenfalls einen Alkoholgehalt von 17 %. Auch bei seiner Herstellung bildet sich kein „flor", sodass der Wein an der Luft oxidiert. Dadurch nimmt er eine dunkle Mahagonifarbe an. Seine Geschmacksrichtung wird vielfach noch bearbeitet. Grundsätzlich ist „amontillado" ein trockener Wein, manche Bodega versüßt ihn aber etwas.

◁ *Hier kann man den Reifungsprozess des Sherrys live verfolgen*

der riesigen Hallen gehen. Bei einer Besichtigung werden kleine Gruppen von geschultem Personal durch die Anlagen geführt. Dabei wird der **Herstellungsprozess** von der Traubenlese bis zum fertigen Produkt mit allen Zwischenschritten veranschaulicht und erklärt. Staunend steht man vor den gewaltigen Fässern und nimmt den betörenden Weingeruch auf. Man erfährt Aufschlussreiches über das monatelange Hegen und Pflegen und beständige Umfüllen. Am Ende der Tour kennt man dann den Unterschied zwischen *fino* und *amontillado* zumindest in der Theorie. Und damit die Praxis nicht zu kurz kommt, gibt es zum Abschluss eine kleine **Weinprobe.** Dann kann man den Sherry probieren, den man nun erst so richtig wertschätzen lernt. Und ohnehin schmeckt er nirgends so gut wie hier, direkt an der Quelle. Wer auf den Geschmack gekommen ist, deckt sich gleich mit ein paar Flaschen ein, denn den **Verkaufsraum** passiert man natürlich ebenfalls. Die Touren werden in mehreren Sprachen angeboten.

Empfehlenswerte Bodegas

★**11** **Álvaro Domecq,** c/ Madre de Dios s/n, Tel. 956339634, www.alvarodomecq.com, Führung Mo–Fr 10.45 (Englisch) und 12 Uhr (Spanisch), Eintritt: 12 €. Bei der 1½-std. Führung erhält man Erklärungen zum Reifeprozess, kann sich einen Film zur Herstellung ansehen und darf anschließend drei verschiedene Weine probieren.

★**12** **Sandeman,** c/ Pizarro 10, Tel. 956151552, www.sandeman.com, Führungen März–Okt. Di u. Do 10.30 und 14 Uhr auf Englisch und Spanisch, Eintritt: ab 12 €, je nach Anzahl der Probiergläser. Geführter Rundgang mit detaillierten Erklärungen und anschließender Verköstigung.

★**13** [S. 60] **Tío Pepe,** c/ Manuel María González 12, Tel. 956357016, www.tiopepe.com, Eintritt: ab 19 €. 2-std. Führung, auch auf Deutsch möglich, u. a. mit Multivisionsshow, Weinbergbesuch und Visite im Shop. Termine können online vereinbart werden.

Anreise

Für **Autofahrer** gilt: Direkt in der Innenstadt einen freien Parkplatz zu finden, ist ein wenig Glückssache. Das folgende unterirdische Parkhaus ist zentral gelegen:

P**14** [S. 60] **Parking Plaza Arenal,** Plaza del Arenal s/n

Per Bahn

Der schmucke **Bahnhof von Jerez** ist an der Plaza de la Estación am Rande der Altstadt gelegen, nur wenige Schritte vom Busterminal entfernt. Ins Zentrum gelangt man zu Fuß in rund 15 Min. über die calle Cartuja und weiter über die calle Medina. Alternativ nimmt man ein Taxi.

Verbindungen zwischen Cádiz und Jerez bestehen wenigstens einmal pro Stunde mit der Nahverkehrslinie **Cercanías** (Fahrzeit: ca. 45 Min., Preis für die einfache Fahrt: 5,40 €). Tickets bekommt man am Bahnhof entweder am Schalter oder am Automaten.

Weiterhin verkehren **Züge,** die u.a. aus Sevilla kommen, zwischen beiden Städten, diese sind allerdings teurer.

› **Infos:** https://siu.cmtbc.es/en/horarios_lineas_tabla.php?from=1&linea=158

Per Bus

Der **Busterminal** liegt direkt neben dem Bahnhof, der Fußweg ins Zentrum verläuft also ebenfalls über die

calle Cartuja und die calle Medina. Der Anbieter **Comes** betreibt mehrere Linien zwischen Cádiz und Jerez, aber die Fahrten sind nur selten: Unter der Woche gibt es bis zu sieben Fahrten pro Tag, am Wochenende weniger (Fahrzeit: ca. 1 Std.). Deshalb ist eine Anreise mit der Bahn empfehlenswerter.

› **Infos:** www.tgcomes.es

Infostelle

ⓘ**15** [S. 60] **Touristeninformation Jerez,** Edificio Los Arcos, Pl. del Arenal, Tel. 956338874, www.turismojerez.com, Mo–Fr 9–14.30, Sa/So 10–14 Uhr

Gastronomie

16 [S. 60] **Bar Juanito** €, c/ Pescadería Vieja 10, Tel. 956334838, www.facebook.com/elbarjuanito, geöffnet: tägl. 13–16.30, Mo–Sa auch 20–24 Uhr. Eine der beliebtesten Tapasbars der Stadt! Bereits 1943 gegründet und immer wieder verbessert, werden Tapas und leckerster Sherry angeboten, auch Tellergerichte als *ración* oder *media ración* (halbe Portion). Außerdem gibt es eine Vielzahl von Weinen aus der Region.

17 [S. 60] **Bar La Canilla** €, c/ Larga 8, Tel. 956343598, geöffnet: Mo–Sa 9–23 Uhr. Eine gute Tapasbar in der Fußgängerzone mit Tischen draußen. Hier gibt es Frühstück und vor allem eine breite Auswahl an Tapas nebst halber oder ganzer *raciones* sowie Sherry und Wein aus Jerez.

18 [S. 60] **Mesón Asador Toro** €€, c/ Porvera 11, Tel. 628353282, geöffnet: Mo–Fr 7.30–24, Sa/So 11.30–24 Uhr. Eine urige, schlicht eingerichtete Mischung aus Bar und Restaurant, immer etwas trubelig, teilweise auch laut – wer einen lauschigen Platz sucht, wäre hier falsch. Hier geht es vor allem um Fleisch, zwar nicht ausschließlich, aber doch hauptsächlich. Hinten in der offenen Küche wird gekocht, vorne liegt Fleisch hinter Glas aus, die Karte ist sehr reichhaltig.

Mittagspause im Schatten: Die Auswahl an Lokalen in Jerez ist groß

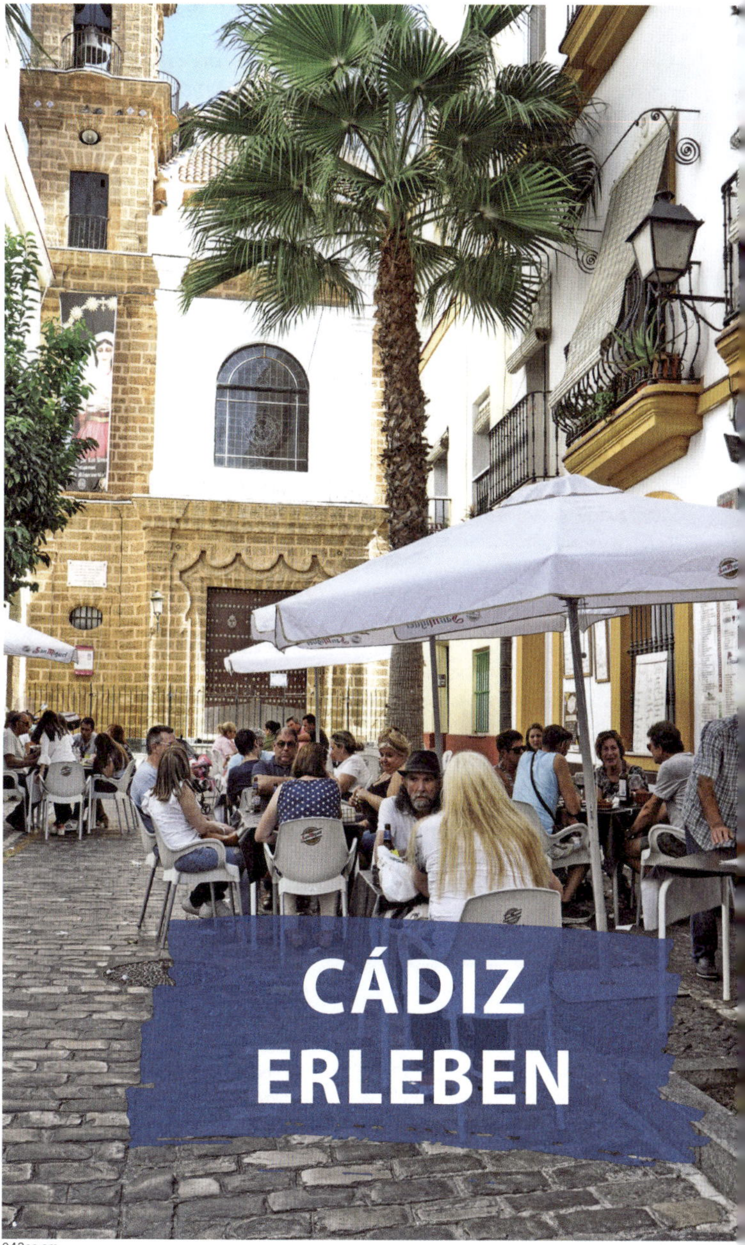

CÁDIZ ERLEBEN

043ca-sm

Cádiz für Kunst- und Museumsfreunde

Cádiz besitzt nur eine überschaubare Anzahl an Museen, die aber sehr interessant sind und ein breites Spektrum der örtlichen Historie abdecken. Nach dem größten Künstler der Stadt, dem Komponisten **Manuel de Falla** (s. S. 36), ist zwar ein Theater benannt, aber ein eigens Museum hat man ihm bisher noch nicht gewidmet.

Museen und Kulturzentren

› **Casa de Iberoamérica im Cárcel Real** 2. Das hat man auch nicht alle Tage, dass sich ein einstiger Kerker zu einem schön gestalteten Ausstellungs- und Kulturzentrum mausert, in diesem Fall mit dem Kontinente verbindenden Namen „Iberoamerikanisches Haus". Es finden Wechselausstellungen statt, außerdem ist dem Bildhauer Juan Luis Vassallo aus Cádiz eine Dauerausstellung gewidmet (s. S. 16).

24 [D3] **Castillo de Santa Catalina.** Hier gibt es u. a. eine Dauerausstellung zur Explosion im Hafen von Cádiz im Jahr 1947 (s. S. 39).

19 [G4] **Cueva del Pájaro Azul,** c/ San Juan Abad 37–39, geöffnet: tägl. 10–18, Juni-September 10–20 Uhr, Tel. 856386838, www.cuevadelpajaroazul.com, Eintritt: 8 €, erm. 6 €, Tickets für die 45-minütige Führung bislang nur online. Es geht fünf Meter unter die Erde zu 2300 Jahre alten Überresten eines phönizischen Hafens aus dem 3. Jh. v. Chr., dem Puerto de Gadir. Dabei handelte es sich um ein in Naturstein gegrabenes Trockendock, wo man Kriegsschiffe baute. Die Anlage wurde später auch von den Römern genutzt, geriet dann in Vergessenheit, bis sie 1958 wieder entdeckt wurde.

20 [F1] **ECCO (Espacio de Cultura Contemporánea de Cádiz),** Paseo de Carlos III. 5, Tel. 956807037, www.eccocadiz.com, www.facebook.com/cadizecco, geöffnet: Mo–Sa 11–21, So 11–15 Uhr, Eintritt frei. Hier wurde ein historisches Militärgebäude umgestaltet und einem neuen Zweck zugeführt. Drinnen wie draußen gibt es einen großen Ausstellungsbereich zur zeitgenössischen Kunst aller Genres aus Cádiz. Gezeigt werden wechselnde Schauen und eine Dauerausstellung des Künstlerpaares Costus zu dem in Spanien sehr umstrittenen Valle de los Caídos (Tal der Gefallenen).

21 [G3] **Factoría de las Salazones,** c/ Sacramento 16, Tel. 600143016, www.juntadeandalucia.es/cultura/enclaves/enclave-arqueologico-factoria-de-salazones, geöffnet: Mo–Fr 10–13.30, Sa/So 10–14 Uhr, Eintritt frei. Archäologische Fundstätte der Römer. Es handelt sich um eine Fabrik, in der seinerzeit Fische eingesalzen und damit haltbar gemacht wurden und eine ganz eigene Soße gewonnen wurde, Garum. Die Ausstellung verdeutlicht die Fertigung sehr anschaulich anhand von Fotos und eines gut gemachten Films, der in Dauerschleife läuft.

9 [H4] **Informationszentrum des Teatro Romano.** Mitten in der Altstadt ist die Hälfte eines Römischen Theaters erhalten, die andere Hälfte wurde überbaut. Angeschlossen ist ein Interpretationszentrum, in dem die römische Epoche sehr eindrücklich dargestellt ist (s. S. 23).

12 [H4] **Museo Catedrálico.** Das Kathedralmuseum zeigt in mehreren Räumen religiöse Kunst und Gemälde, Skulptu-

◁ Vorseite: Auf der calle Virgen de la Palma [E–F4] speist man im Freien

▷ Denkmal zu Ehren der Zigarrendreherinnen vor dem Kongresspalast 6

ren und historische Bücher sowie sakrale Gegenstände wie Hostiengefäße (s. S. 26).

30 [G2] **Museo de Cádiz.** Das größte und bedeutendste Museum der Stadt bietet eine breite Vielfalt an archäologischen Fundstücken aus der Umgebung. In der Abteilung der Schönen Künste ist eine Sammlung von Bildern namhafter spanischer und internationaler Künstler des 16. bis 20. Jh. ausgestellt (s. S. 45).

18 [F3] **Museo de las Cortes de Cádiz.** Diese Ausstellung ist ausschließlich der ersten spanischen Verfassung von 1812 gewidmet, die in Cádiz formuliert und veröffentlicht wurde. Ergänzt wird das Museum durch ein großes Modell der Stadt aus jenen Tagen (s. S. 33).

M 22 [K5] **Museo del Títere (Theaterpuppen-Museum),** Bóvedas de Sta. Elena, direkt beim Stadttor Puerta de la Tierra, Tel. 956276846, https://turismo.cadiz.es/es/rutas-y-visitas-en-cadiz/museo-del-títere, geöffnet: Di–So 10–21 Uhr, Eintritt frei. Ausgestellt sind verschiedene Theaterpuppen aus dem In- und Ausland wie Stabpuppen, Fadenpuppen, Wasserpuppen, Hand- und Figurengruppen, Marionetten und Schattenfiguren.

M 23 [G3] **Yacimiento Arqueológico Gadir,** c/ San Miguel 15, Tel. 956226337, https://turismo.cadiz.es/es/rutas-y-visitas-en-cadiz/yacimiento-arqueologico-gadir, geöffnet: Di–Sa 11–13, 16–19, So 11–13 Uhr, Eintritt frei, nur in geführten Gruppen (Dauer: ca. 1 Std., mehrere Sprachen). Eine Ausstellung zu archäologischen Fundstücken der Phönizier, dargestellt auf einem Rundweg, darunter Originalfunde aus dem Alltagsleben. Die Exposition wird ergänzt um Zeitleisten zur Einordnung und filmischen Darstellungen in Großformat.

Galerie

G 24 [H2] **Galería Benot,** Av. Cuatro de Deciembre de 1977 10, Tel. 956228681, www.galeriabenot.com, geöffnet: Mo–Sa 10–14, Di u. Do 18–20 Uhr. Galerie mit langjähriger Erfahrung, spezialisiert auf zeitgenössische Grafik und Plastik, auch kleinformatige Objekte und Bilder.

044ca-sm

Kunst unter freiem Himmel

Wie in vielen spanischen Städten findet man unter freiem Himmel hauptsächlich **Denkmäler und Skulpturen** wichtiger einheimischer Persönlichkeiten, zumeist Militärs oder Politiker. Das ist in Cádiz nicht anders. So erinnert beispielsweise ein Denkmal an der Plaza de la Candelaria 36 an **Emilio Castelar,** den Präsidenten der Ersten Republik und vor dem Hafen an der Plaza de San Juan de Dios 7 steht ein mächtiges Denkmal zu Ehren von **Segismundo Moret,** der im 19. Jh. eine wichtige Rolle bei der Abschaffung der Sklaverei in Übersee spielte und später Ministerpräsident von Spanien wurde. Dem Schiffsoffizier **Blas de Lezo** (1689–1741) ist ein Denkmal nahe dem Hafen gewidmet; er brachte es bis zum Oberbefehlshaber der spanischen Mittelmeerflotte. Gut zu erkennen ist seine Beinprothese, weswegen er auch *Patapalo* („Holzbein") genannt wurde. Er bekämpfte sehr erfolgreich u. a. britische und niederländische Piraten und verteidigte die Stadt Cartagena erfolgreich gegen eine britische Flotte.

045ca-sm

Im kleinen Viertel **Barrio de Santa María** 3 wird mehreren **Flamenco-Künstlern** mit ausdrucksstarken Skulpturen gedacht und im **Parque Genovés** 25 finden sich einige Standbilder, die an Söhne der Stadt oder wichtige Ereignisse erinnern. Ähnliches entdeckt man auch im Grünstreifen entlang der Straße **Alameda Apodaca** 26.

Ein sehr eindringliches Monument steht an der **Plaza de España** 32: Es erinnert an die Verkündung der ersten spanischen Verfassung 1812 hier in Cádiz (s. S. 34).

Neben diesen heldenverehrenden Monumenten stehen entlang der Strandpromenade beim Strand **Playa de la Victoria** [cg] mehrere Plastiken, u. a. eine Replik der in Cádiz sehr beliebten **Skulptur „Gades"** des Bildhauers Juan Luis Vassallo (s. S. 17).

Cádiz für Genießer

Andalusische Küche

Die Hitze Andalusiens und die Nähe zum Meer prägen die Küche. Es wird viel gegrillt und ebenso viel frittiert, vor allem Fisch. Aber es gibt auch schmackhafte kalte Gerichte. An Besonderheiten muss an erster Stelle *gazpacho* genannt werden, eine erfrischende **kalte Suppe,** bestehend aus passierten Tomaten, Öl, Essig, etwas Brotkrume, Paprika und vor allem viel Knoblauch. Ähnlich hoch geschätzt wird *ajoblanco,* eine weitere kalte Suppe mit Mandeln und reichlich Knoblauch. Eine andere Spezialität der andalusischen Küche ist *sal-*

Die sehnsuchtsvoll aufs Meer blickende Skulptur „Gades"

067ca-sm

morejo, eine ebenfalls kalte, dickflüssige **Suppe** aus Tomaten, Knoblauch, Brot und Gemüse.

Weit verbreitet sind ferner **Eierspeisen,** vor allem *tortilla,* ein Omelett mit Kartoffeln, manchmal auch mit weiteren Zutaten. Ein *pincho de tortilla* („Stückchen Tortilla") zwischendurch dämpft den größten Hunger und man bekommt es in jeder Bar.

Fisch gibt es natürlich in allen denkbaren Variationen, gegrillt, gekocht oder gebraten. Auf der Speisekarte häufig angebotene Gerichte sind *pescacito frito,* frittierte Fischchen, oder *rape con patatas,* Seeteufel mit Kartoffeln. Gerne serviert man auch *bacalao,* Stockfisch, und **Muscheln** der unterschiedlichsten Größe, Art und Zubereitung. Des Weiteren stehen **Garnelen, Gambas** und kleine **Tintenfische** hoch im Kurs, als da wären: *calamares en su tinta,* kleine Tintenfische im eigenen Saft geschmort, *chopitos* bzw. *chipirones,* sehr kleine gegrillte Tintenfische, und *chocos,* kleine Tintenfischlein, die meist frittiert serviert werden. Typisch für Cádiz sind sättigende *tortillitas de camarones,* Garnelen-Pfannkuchen, die knackig in Öl gebraten sind.

Spanische Essgewohnheiten

Frühstück

Das Frühstück fällt mager aus. Ein Kaffee, begleitet von einem Croissant, Toast oder **„churros"**, einem länglichen Fettgebäck, das in Kakao getunkt und dann gegessen wird, das war's im Wesentlichen. Nicht wenige gehen morgens gegen 8 Uhr zum *desayuno* gleich in eine Bar und frühstücken nicht zu Hause. Das gilt natürlich nicht für die großen internationalen Hotels, wo in der Regel ein üppiges Frühstücksbüfett bereit steht.

Wer einen Kaffee bestellen will, hat drei Varianten zur Auswahl: Ein **„café sólo"** ist tiefschwarz und winzig, er wird gerne nach dem Essen bestellt. **„Cortado"** („Abgeschnittener") heißt eine kleine Tasse Kaffee mit etwas Milch und ein **„café con leche"** („Milchkaffee") besteht aus einer normal großen Tasse Kaffee mit viel Milch. Speziell im sehr heißen Sommer trinken Spanier nach dem Essen gerne einen **„Café cortado con hielo"**, einen

⌃ *Lecker: ein Dutzend Pescacito frito, frittierte Fischchen* schwarzen Kaffee mit Eis. Dabei bekommt der Gast zusätzlich ein Glas mit Eiswürfeln, in das der Kaffee dann gegossen wird und etwas abkühlt.

Das bisschen Mageninhalt reicht natürlich nicht bis zum Mittag, also wird mindestens noch einmal die Bar für eine Art zweites Frühstück aufgesucht. Zwischen 10 und 11 Uhr bleiben es aber bescheidene Mengen, die verzehrt werden: **Gebäck** vielleicht, eventuell auch ein Stückchen **Tortilla**. Um diese Zeit gibt's meist noch Kaffee, nur wenige versuchen sich schon am *vino*. Zwei Stunden später, so zwischen 12 und 13 Uhr, geht es dann zur Vor-Mittags-Pause in die Bar. Gerne werden jetzt **bocadillos** (belegte Baguettes, s. S. 78) gegessen, begleitet von einem Bier oder Wein.

Mittagessen

Das Mittagessen wird nie vor 14 Uhr eingenommen, häufig erst um 15 Uhr. Dann versammelt sich die Familie am Tisch, die Arbeitskollegen gehen ins Restaurant. Mittags werden in beinahe allen Restaurants günstige Menüs serviert. Ein **„menú del día"** (Tagesmenü) besteht zumeist aus zwei Gängen nebst Nachtisch und/oder einem Getränk, oft einer halben oder gar ganzen Flasche Hauswein. Der Preis liegt irgendwo zwischen 10 und 12 €, vereinzelt auch bei 15 €.

Eine andere Variante sind „Mittagsteller", **„plato del día"**, oder **„platos combinados"**. Dabei bekommen Gäste einen gut gefüllten Teller mit einem variantenreichen Gericht, mehr aber nicht. Das Mittagessen zieht sich hin, vor 16 Uhr steht niemand auf, die letzten Ausdauernden erst um 17 Uhr. Dann wird entweder eine *siesta* eingelegt oder es geht zurück an die Arbeit.

Abendessen

Abends wird entsprechend **spät gegessen**, vor 21 Uhr öffnen die wenigsten Restaurants. Eine *cena* („Abendessen") um 22 oder gar 23 Uhr ist nichts Ungewöhnliches. Kein Wunder also, dass Spanier morgens keinen Hunger verspüren.

Spanische und regionale Spezialitäten

Tapas

In spanischen Bars wird eine breite Auswahl kalter und manchmal warmer **Häppchen** angeboten, die, auf kleinen Tellerchen serviert, den Wein oder das Bier begleiten. In Andalusien sind sie normalerweise sogar eine **kostenlose Beigabe des Wirtes** und werden dem Gast, der am Tresen steht und ein Getränk bestellt hat, mit dem Glas gereicht. Es gibt eine unglaubliche Vielfalt an Tapas. Einfache Varianten, die kostenlos serviert werden, sind oftmals Oliven, eine Sardine oder ein halbes Ei mit einem kleinen Belag wie etwa einem Paprikastreifen. Oder es gibt dazu ein Schälchen Erdnüsse, frittierte Kartoffeln oder einen Klecks Kartoffelsalat, manchmal auch eine Scheibe Schinken.

Andere Tapas müssen bezahlt werden und hier kennt die Fantasie keine Grenzen: Teller mit Schinken-, Salami und Käsescheiben oder unterschiedliche Meeresfrüchte, mit einem Zahnstocher auf kleine Stangenbrot-Scheiben gespießt, oder *patatas bravas*, frittierte Kartoffeln in scharfer Soße. **Standard-Tapas** sind *albóndigas*, kleine Hackbällchen in scharfer Soße, oder *ensaladilla rusa*, eine Art Kartoffelsalat, ebenso *boquerones*, sauer eingelegte Sardinen. Dazu ein Bier – köstlich!

Ein paar – nur halb ernst gemeinte – Regeln rund um die Paella

Viele Touristen halten die beliebte Reispfanne für das Nationalgericht der Spanier. Leider falsch: Sicherlich wird die Paella in vielen spanischen Haushalten gegessen, aber so verbreitet ist sie nun auch wieder nicht. Der Ursprung der Paella liegt in Valencia an der spanischen Ostküste, denn hier wächst Reis, die Grundzutat des Gerichts. Rund um die Paella gelten ein paar Regeln:

- Die Zubereitung einer Paella dauert – zumindest, wenn sie frisch zubereitet wird. In einem guten Restaurant sagt die Bedienung von vornherein, dass es 30 oder 45 Minuten dauert. Falls es schneller geht, kommt die Paella aus der Mikrowelle.
- Paella wird in Restaurants zumeist nur ab zwei Personen aufwärts angeboten, für eine einzelne Person gibt es kaum die benötigten (kleinen!) Pfannen.
- Eine Paella wird eigentlich, soweit möglich, über offenem Feuer zubereitet, alternativ auf einem Gasherd.
- Paella wird mittags gegessen, nicht abends, da sie schwer im Magen liegt.
- Paella-Kochen ist in Spanien Männersache, so ähnlich wie vielerorts das Grillen. Trifft man sich zum gemeinsamen Paella-Essen, schwingen die Männer die Kochlöffel (und große Reden …).
- Paella wird meist am Sonntag gegessen, denn sie ist Familiensache. Und Familien gehen mit Vorliebe am Sonntagmittag gemeinsam essen. Natürlich kann man eine Paella auch an anderen Tagen bestellen, nur eben möglichst nicht zum Abendessen.
- Paella wird in einer großen, flachen Pfanne zubereitet, maximal 3–4 cm hoch und mit Öl und Wasser gekocht. Das Wasser wird nicht umgerührt, es soll verdampfen, der Reis soll sich vollsaugen. Unten bildet sich eine Kruste (socorrat). Das ist so gewollt und keineswegs eine „angebrannte Paella“, wie sich manche Touristen auf Bewertungsportalen beschweren. Wenn eine Paella perfekt gelungen ist, dann klebt der Reis nur wenig. Viele Köche schwören dabei auf eine Reissorte, die „arroz bomba“ heißt.
- Die gelbliche Farbe kommt vom Safran und hoffentlich nicht von einem Lebensmittelfarbstoff.

Eine Paella wird in der Pfanne über offenem Feuer zubereitet

046ca-sm

Manche Tapas sind recht teuer, beispielsweise *jamón de bellota,* ein Schinken, der unglaublich zart auf der Zunge zergeht. Wenn der Hunger etwas größer ausfällt, kann man gleich eine *ración* (Portion) bestellen. Dann erhält man einen gut gefüllten Teller. Oder man wählt eine *media ración,* also eine halbe Portion.

Eine **Tapastour** durch mehrere Bars ist ein kulinarisches Highlight. *Irse de tapas* oder *tapeo* bedeutet, einen Bummel durch mehrere Tapasbars zu unternehmen. Dabei ist man immer zu mehreren, niemals alleine. Familien, Freunde oder Nachbarn treffen sich in einer Bar, stehen am Tresen (sitzen nicht am Tisch), bestellen eine Runde Bier oder *vino* und die jeweilige Tapa-Spezialität der Bar. Beim Trinken und Naschen der Tapas wird geplaudert (niemals schweigen!), dann zahlt einer die Runde und weiter geht's zur nächste Bar. Ganz wunderbar lässt sich eine Tapastour im Küstenort **El Puerto de Santa María** (s. S. 54) unternehmen: Dort warten mehrere Dutzend Lokale mit Tapas und anderen kleinen Gerichten.

Bocadillos

Bocadillos sind **kleine Baguettes** oder etwas größere Brötchen, die ohne Butter z. B. mit Schinken, Käse, *tortilla,* Fleisch oder Salat belegt werden. Die idealen Hungerstiller für zwischendurch gibt es ebenfalls in vielen Bars, sie sind aber ein wenig auf dem Rückzug.

Getränke

Ein schnelles **Bier** im Stehen an der Bar gehört zum täglichen Ritual. Es wird ruck, zuck gezapft und ebenso schnell getrunken, lange hält sich niemand damit auf. Interessanterweise werden Biere ohne Alkohol *(sin alcohol)* immer beliebter. Zumeist gibt es sie nur aus der Flasche. Wer ein kleines gezapftes Bier bestellt, sagt *una caña.* Etwas mehr im Glas hat man, wenn man *un tubo* bestellt, dann erhält man ein hohes Glas. Häufig wird auch ein Mischgetränk aus Bier und Limonade bestellt, wir kennen es als „Alsterwasser" oder „Radler", in Spanien heißt es *una clara.* Meist fragt die Bedienung dann zurück: „Con limón?" („Mit Zitronenlimo?"). Mittlerweile gibt es auch fertig abgefüllte Flaschen, die sogar den deutschen Namen „Radler" übernommen haben.

Ein Glas **Wein** gehört zum Mittagsmahl. In kleiner Runde wird gleich eine ganze Flasche auf den Tisch gestellt. Und dieser Hauswein *(vino de la casa)* muss beileibe kein schlechter sein. Weißwein heißt *vino blanco,* der rote *vino tinto* und Rosé *vino rosado.*

Leitungswasser schmeckt wie überall in Spanien ein klein wenig nach Chlor, besser ist man mit Wasserflaschen aus dem Geschäft bedient.

Beliebt nach dem Essen ist ein **Brandy** zum abschließenden Kaffee. Nachts in der Bar trinkt man gerne eine *cubata,* was eine Verballhornung von *cuba libre* ist und eigentlich Rum-Cola, Whisky-Cola, Gin Tonic oder sonstige Mischgetränke bezeichnet.

Lokaltypen

Bar

Eine Bar ist nicht das, was der Name im deutschen Sprachgebrauch signalisiert, eine Bar ist ein relativ schlichtes **Lokal.** Dominierend ist ein **Tresen,** meist aus hellem Metall mit ein paar Hockern davor. Manchmal gibt es noch einige Tische, manchmal aber auch nicht. In einer Bar stellt man sich an den Tresen, trinkt ein kleines Gläschen Wein oder Bier, eventuell auch einen Kaffee, hält sich aber im Allgemeinen nicht allzu lange auf. Meist gibt es ein paar **Kleinigkeiten zu essen**, die auf dem Tresen unter Glas stehen. Wer davon etwas wünscht, bestellt *una ración,* dann bekommt man einen mittelgroßen Teller, oder *una tapa,* einen kleinen Teller. Mit etwas Glück gibt es auch *bocadillos* (s. S. 78), belegte Baguettes. Eine Bar ist eigentlich kein Lokal, in dem sich die Gäste stundenlang aufhalten, sondern markiert nur einen **kurzen Zwischenstopp.**

Tapasbar

Es gibt einige Tapasbars, also Lokale, die berühmt sind für ihre schmackhaften **Häppchen.** Man kann sich natürlich mit Tapas auch satt essen, aber das ist nicht Sinn der Sache. Eine Tapa begleitet eigentlich nur ein Getränk, überbrückt die Zeit bis zum Essen und ist bestenfalls ein Appetitanreger.

Es gibt zwar in Spanien auch Bars, in denen Tapas unter Glas am Tresen stehen und der Gast sich selbst bedient, aber diese Form ist in Cádiz eher unüblich. Die meisten Tapasbars haben auf ihrer **Speisekarte** eine lange Liste an Tapas, aus denen die Gäste wählen können, und die Bedienung bringt später das Gewünschte. Da während der **Coronazeit** niemand am Tresen stehend essen oder trinken durfte, wurden vor den Tresen kleine Tischchen installiert. In vielen Bars sind diese geblieben, was sich aber wieder ändern kann.

Cafetería

Eine Cafetería unterscheidet sich nur wenig von einer Bar. In der Einrichtung ist sie sehr ähnlich aufgebaut und meist recht unspektakulär eingerichtet, oft noch mit einem silberfarbenen Metalltresen der Marke „nicht hübsch, aber praktisch".

Wichtigstes Unterscheidungsmerkmal dürften die **Öffnungszeiten** sein: Eine Cafetería hat schon relativ früh morgens für **Frühstücksgäste** geöffnet und schließt abends entsprechend eher. Eine Bar öffnet, je nach Lage und Kundschaft, später und sperrt abends auch später zu.

Freiduría

Eine Freiduría („Frittierstube") ist ganz typisch für Cádiz. In diesen Lokalen werden **Fisch und Meeresfrüchte** – meist in der Pfanne – **frittiert** und entweder als Tellergericht oder in Papiertüten serviert. Meist geht es in diesen Lokalen etwas wuselig und laut zu, aber eben auch besonders authentisch.

Restaurant

Ein Restaurant hat mit wenigen Ausnahmen über **Mittag** geöffnet und ein zweites Mal am **Abend.** Mittags werden meist einige wenige Menüs zu einem attraktiven Preis angeboten, etwa das *menú del día* (Tagesgericht). Deshalb sind diese Lokale so beliebt, dass sie ab 14 Uhr meist brechend voll sind.

Abends wird meist kein Tagesmenü angeboten, sondern man wählt von der Speisekarte aus und stellt sich sein Menü selbst zusammen. Selten bestellen Spanier nur ein einzelnes Gericht, sondern sie wählen in der Regel zunächst eine Suppe oder einen Salat. Danach folgt der Hauptgang, der manchmal noch klassisch in Fisch- und Fleischgang unterteilt ist. Ein Dessert darf nicht fehlen, ebenso wenig wie ein Kaffee zum Abschluss.

Smoker's Guide

In Spanien herrscht **absolutes Rauchverbot** in allen Lokalen, aber auch am Arbeitsplatz und teilweise sogar unter freiem Himmel (auf Schulhöfen und den Plätzen vor Krankenhäusern). Ausnahmen gelten nur auf offenen Sportplätzen bzw. im Fußballstadion.

Preiskategorien

Die Preise gelten für ein Hauptgericht ohne Getränke.

€	bis 15 €
€€	15–25 €
€€€	über 25 €

Gastro- und Nightlife-Areale

Bläulich hervorgehobene Bereiche in den Karten kennzeichnen Gebiete mit einem dichten Angebot an Restaurants, Bars, Klubs, Discos etc.

Restaurant-Knigge

Trinkgeld

In Spanien wird generell bei jedem Besuch einer gastronomischen Einrichtung Trinkgeld gegeben, aber niemals viel. Wer nur ein Bier am Tresen trinkt, muss nicht die üblichen 10 % liegen lassen, einige kleine **Münzen** als Anerkennung sind in Ordnung. Das Trinkgeld wird in allen Lokalen in einem Gemeinschaftsgefäß gesammelt und abends unter dem Personal aufgeteilt.

Preise

In allen Lokalen muss eine offizielle Preisliste aushängen, aber oftmals findet man diese nur nach anstrengender Suche. Natürlich gibt es in Restaurants eine Speisekarte mit Preisen und oftmals findet man auch in Bars oder Cafeterías eine verkürzte Fassung mit den gängigen Gerichten und Getränken. Es ist nicht üblich, sich vor einer Bestellung nach dem Preis zu erkundigen.

Oft gibt es **drei Preise:** Am Tresen stehend oder auf dem Hocker sitzend ein kleines Gericht verzehren oder sich dort ein Getränk genehmigen, ist immer am preiswertesten. Wer sich an einen Tisch setzt, muss mehr zahlen. Am höchsten ist der Preis für Gäste, die sich auf die Terrasse setzen.

Besetzte Tische

An einen schon belegten Tisch setzt man sich niemals dazu, selbst wenn an einem relativ großen Tisch nur eine Person sitzt. Das gehört sich einfach nicht. Normalerweise wird die Bedienung die Gäste schon im Vorfeld so platzieren, dass eine solche Situation nicht eintritt. Falls aber doch einmal kein Tisch frei ist, muss man warten.

Verhalten in einer Bar

Sie betreten ein Lokal, gehen gemessenen Schrittes zum Tresen. Die **Bedienung** nimmt Sie garantiert wahr und ruft Ihnen ein fröhliches, brummiges oder gleichgültiges *„Buenas!"* zu. Irgendwo am Tresen, und sei es in der zweiten Reihe, wird schon noch ein Plätzchen frei sein. Sie unterhalten sich derweil mit Ihrer Begleitung und bleiben ganz entspannt. Die Bedienung kommt schon, wischt mit einem Lappen das Fleckchen vom Tresen, wo Sie stehen, rückt den Serviettenhalter zurecht und fragt nach Ihren Wünschen. Getränke stellt sie blitzschnell parat, eine eventuelle Essensbestellung wird einfach Richtung Küche gebrüllt. Das genügt und klappt auch. Am Ende wird **bezahlt** und das macht nur einer! Die

Rechnung aufzuteilen, ist in Spanien unüblich. Entweder legt jeder einen Betrag dazu, der in etwa „seinem" Konsum entspricht, oder jeder übernimmt abwechselnd mal die Gesamtrechnung.

Verhalten im Restaurant

Im Restaurant gelten ein paar generelle Spielregeln, ganz egal, ob man im Dorfgasthof speist oder im Sternelokal. Nach dem **Betreten** eines Restaurants sollte man nicht zielstrebig auf einen freien Tisch zustreben, auch wenn das ganze Lokal frei sein sollte. Bleiben Sie zunächst einfach im Eingangsbereich stehen. Sogleich wird jemand vom Personal kommen, Sie begrüßen und nach der Personenzahl fragen. Dann wird man Ihnen Vorschläge unterbreiten, wo Sie sitzen könnten. Die können Sie selbstverständlich ablehnen, wenn Sie lieber woanders sitzen möchten. Nach Auswahl des Platzes wird man Sie zum Tisch begleiten, die Menükarten auslegen und sich zunächst entfernen. Irgendwann kommt die Bedienung zurück und nimmt die **Bestellung** auf: Vorspeise, erster Gang, zweiter Gang, Weinauswahl; das Dessert wird noch nicht bestellt.

Sind Sie schließlich mit den Hauptgängen durch, folgt die Frage nach dem Dessert, für das es manchmal auch eine eigene Karte gibt. Dann folgt immer die **copa**, also ein Glas Brandy oder sonstiger Schnaps.

Die **Rechnung** bezahlt auch hier nur einer. Die Bedienung wird diese auf einem kleinen Tellerchen bringen. Einer zahlt oder es wird gesammelt. Dann kommt die Bedienung erneut und schnappt sich mit einem *Gracias* den Teller. Nach einigen Momenten wird der Teller mit dem Wechselgeld und der Rechnung unter einem

047ca-sm

erneuten *Gracias* zurückgebracht. Eher beiläufig steckt der Bezahlende das Restgeld ein und lässt einen angemessenen Betrag als **Trinkgeld** liegen. Der Teller mit dem Trinkgeld bleibt bis zum Schluss auf dem Tisch und wird erst abgeräumt, wenn sich die Gruppe verabschiedet hat.

Hervorhebenswerte Lokale

Restaurants

25 [H3] **Abuela Elfrides** €€, Pl. San Agustín 5, Tel. 856170440, Facebook: laabuelaelfrides, geöffnet: Mo–Fr 9–24, Sa/So 12–24 Uhr. Das Lokal befindet sich direkt vor der Kirche San Agustín und fällt schon außen durch seine Holzdekoration auf. Drinnen setzt sich die Holzdeko in der Einrichtung fort. Die Küche von „Oma Elfrides" (der Großmutter der Lokalbesitzer) bietet argentinisches Grillfleisch, aber auch Mee-

Herrliche Terrasse mit Meeresbrise: El Pelicano (s. S. 86)

resfrüchte sowie Tapas, die am Tresen oder im Erdgeschoss verzehrt werden. Im Obergeschoss liegt der Speiseraum des Restaurants. Man kann auch draußen sitzen.

26 [G2] **Arrebol** €€, c/ Enrique de las Marinas 2 D, Tel. 856078099, https://restaurantearrebol.com, geöffnet: tägl. 12–16 u. 20–23.30 Uhr. Ein kleines Lokal, das schon optisch auffällt. Die Speisekarte weicht vom Üblichen ab, bietet originelle und auch mal ungewöhnliche Kompositionen. Die Portionen sind nicht zu groß – ideal, um verschiedene Speisen zu kombinieren oder gleich zu teilen.

27 [J4] **Atxuri** €€, c/ Plocia 7, Tel. 956253613, www.atxuri.es, geöffnet: tägl. 13–16.30 u. 21–23.30 Uhr, im Winter Sonntagabend und Mittwoch geschlossen. Das Restaurant existiert seit 1947 und bietet einen Mix aus andalusischer und baskischer Küche, also eine Verbindung aus leichten und eher gehaltvollen Gerichten.

28 [G3] **Casa Lazo** €€, c/ Barrié 17, Tel. 956229499, www.bahiadecadiz.eu/web/CASA-LAZO, geöffnet: tägl. 8.30–16.30 u. 20–24 Uhr. Schmales Lokal, das mit viel Holz dekoriert ist und einen langen Tresen hat. Sehr beliebt, das Personal wuselt lautstark hinterm Tresen und ist sehr aufmerksam. Neben Tapas gibt es auch Tellergerichte, vor allem Iberisches Schwein und eine breite Auswahl an Meeresfrüchten. Montag bis Donnerstag mit Mittagskarte.

29 [J4] **El Aljibe** €€, c/ Plocia 25, Tel. 956266656, www.nosgustanuestrotrabajo.com/restaurantes/el-aljibe, geöffnet: tägl. 13–15.30 u. 19.30–23.30 Uhr. Ruhig in einer zentralen Fußgängerstraße gelegen mit einer sehr nett gestalteten Außenterrasse unter kleinen Bäumen. Serviert werden Gerichte, die eine Mischung aus traditioneller und außergewöhnlicher, fast schon experimenteller Küche sind. Es gibt auch vegetarische Speisen. Nicht ganz günstig, aber lohnend und angemessen.

30 [E4] **El Faro de Cádiz** €€€, c/ San Félix 15, Tel. 956225858, www.elfarodecadiz.com, geöffnet: tägl. 13–16 u. 20.30–23.30 Uhr. Ein Restaurant mit Anspruch, etwas höherpreisig mit entsprechendem Stil und Charme. Man konzentriert sich auf typische Gerichte aus Cádiz und Umgebung, die Produkte kommen vorwiegend aus der Region. Serviert werden Fisch- und Fleischspeisen, es gibt auch ein Probiermenü *(menú de degustación)*. Neben dem Restaurant gibt es eine Tapasbar ohne Tische mit eigener Karte und separatem Eingang.

31 [F2] **La Curiosidad de Mauro Barreiro** €€, c/ Veedor 10, Tel. 956992288, https://linktr.ee/CuriosidadMauro, geöffnet: Mo–Sa 13.30–16 u. 20.30–23.30 Uhr. Originelles Lokal mit kreativen Speisen und Tapas sowie mehrgängigen Menüs, die teilweise sehr einfallsreich zusammengestellt sind. Das „Mauro" wurde schon im Guide Michelin erwähnt.

32 [J4] **La Huella** €, c/ Plocia 3, Tel. 956264117, auf Facebook, geöffnet: tägl. außer Di 13–16 u. 20–24 Uhr. Lokal mit schneller Küche, auch zum Mitnehmen, drinnen gibt es auch Tische. Geboten werden einfache Tellergerichte wie Sandwiches oder Burger. Insgesamt eine eher schlichte Einrichtung, der Tresen steht vor der offenen Küche.

33 [G2] **Mediterráneo** €, Pl. de la Mina 1, Tel. 856073717, www.facebook.com/mediterraneo.cadiz, geöffnet: tägl. 8.30–24 Uhr. Das Lokal ist neben dem Museo de Cádiz gelegen und damit gut geeignet für eine Pause nach dem Museumsbesuch. Es gibt eine nette Terrasse unter Bäumen. Zur Wahl stehen Menüs, Tapas, kleine Gerichte und Vegetarisches.

34 [G1] **Mesón Cumbres Mayores** €€, c/ Zorrilla 4, Tel. 856072242, www.mesoncumbresmayores.com, geöffnet:

tägl. 12–16.30 u. 20–23.50 Uhr. Im vorderen Bereich gibt es Tapas an der Bar unter einem Himmel von herabhängenden Schinkenkeulen, hinten sitzen Gäste, die im Restaurant speisen wollen. Neben andalusischer Küche gibt es auch unterschiedliche Menüs.

35 [D3] **Quilla** €€, c/ Antonio Burgos, gegenüber vom Castillo de Santa Catalina, Tel. 956226466, www.quilla.es, geöffnet: tägl. außer Di 12 Uhr bis Sonnenuntergang. Stylishe Inneneinrichtung, draußen mit Terrasse. Hier gibt es Tapas, *raciones* (Tellergerichte) und eine Speisekarte mit andalusischer, aber auch internationaler Küche. Attraktive Lage beim Strand Playa Caleta, auf der Terrasse mit Meersicht sitzt man ganz entspannt.

36 [G2] **San Francisco Uno** €€, Pl. San Francisco 1, Tel. 956212597, www.facebook.com/RestauranteSanFranciscouno, geöffnet: tägl. 12–24, Fr/Sa bis 2 Uhr. Das Restaurant befindet sich direkt am Plaza de San Francisco und hat eine schöne Terrasse, auf der man angenehm unter Bäumen sitzt und dem Treiben auf dem Platz zuschauen kann. Breite Auswahl an Tapas und Tellergerichten in guter Qualität.

Fischlokale

37 [D3] **Bar Club Caleta** €, Av. Duque de Nájera 7, Tel. 956228113, geöffnet: tägl. 7–1 Uhr. Ein eher einfaches Lokal, das direkt am Strand La Caleta an der Schutzmauer gelegen ist und somit einen tollen Meerblick bietet. Sehr rustikales Ambiente, aber mit Wohlfühlcharakter. Die Tische stehen leicht wackelig an der Mauer, das Personal ist emsig, drinnen ist es etwas schummrig – das alles macht den besonderen Reiz des Lokals aus. Es gibt vor allem guten Fisch in reichhaltigen Portionen.

38 [G3] **Freiduría Las Flores** €, Pl. Topete 4, Tel. 956226112, geöffnet: tägl. 11–24 u. 16–19 Uhr nur Essen am Tresen. Äußerst beliebt, selbst Spanier warten hier zuerst am Tresen auf einen freien Tisch. Oder man speist gleich am Tresen. Ambiente und Einrichtung sind ziemlich schlicht, es ist wuselig, manchmal auch laut. Aufgetischt werden Meeresfrüchte und Fisch, vor allem in frittierter Form. Sehr lecker, das Warten lohnt sich!

39 [G2] **Marisquería Aurelio** €, c/ Zorrilla 1, Tel. 956046446, geöffnet: tägl. 12.30–17 u. 20–24 Uhr. Traditionsreiches, relativ schlicht gehaltenes Lokal, das früher eine Bierkneipe war. Heute gibt es hier Meeresfrüchte und Fisch, sowohl frittiert als auch à la carte und in Form von Tapas. Immer gut besucht.

40 [G2] **Marisquería San Francisco** €, Pl. San Francisco 3, Tel. 956808364, www.cadizweb.es/marisqueria-san-francisco, geöffnet: tägl. 11–24 Uhr. Sehr beliebtes Lokal mit Terrasse. Hier gibt es überwiegend frittierten Fisch und leckere Kleinigkeiten. Spielt der lokale Fußballclub, versammeln sich hier die Fans zum gemeinsamen Fernsehen.

Cafés

41 [G3] **Brim**, c/ Compañía 2, geöffnet: tägl. außer So ab 7.30 Uhr. Einzigartig in Cádiz! Ein kleines, schlichtes Lokal mit einem dominierenden Holztresen, es gibt keine Tische. Hier gibt es praktisch nur Kaffee, den man vorzugsweise aus kleinen Gläsern trinkt. Die Bewohner schwören auf die gute Qualität, urig ist das Lokal allemal.

42 [H3] **Café de Levante**, c/ Rosario 35, Tel. 618191402, www.cafedelevantecadiz.com, geöffnet: Mo–Fr 9–13 u. 16–2, Sa/So 16–3 Uhr. Kleines Café mit Filmplakaten als Deko. Erinnert eher an ein Bierlokal als an ein Café. Es gibt guten Kaffee und Kuchen, aber auch Bier und Wein. Relaxte Atmosphäre, keine Hektik. Draußen stehen auch ein paar Tische. Regelmäßige Veranstaltungen, Infos dazu auf der Homepage.

43 [G3] **Café La Marina,** Pl. de las Flores 1, Tel. 956222397, geöffnet: Mo–Sa 7–23 Uhr. Sehr beliebt zum Frühstück, auch bei Einheimischen, denn hier gibt es köstliche *churros, die* zusammen mit der typischen dickflüssigen Schokolade gereicht werden. Das Fettgebäck wird hier nachmittags frisch zubereitet. Am Tresen gibt es auch Tapas. Draußen auf der Terrasse hat man einen Logenplatz mit Sicht auf den Blumenplatz.

44 [H3] **El Café de Ana,** c/ Nueva 1, Tel. 856395476, geöffnet: tägl. 8–22 Uhr. Kleines, charmantes, mit Vintage-Möbeln ausgestattetes Café. Vorn zur Fußgängerstraße liegt eine winzige Terrasse. Es gibt internationale Frühstücksangebote, auch Brunch, und am Nachmittag kleine Bistrogerichte.

45 [G3] **Royalty,** Pl. Candelaria s/n, Tel. 956078665, www.caferoyalty.com, geöffnet: Mo–Fr 11–23, Sa/So ab 9 Uhr. „Gran Café Romántico" nennt sich dieses 1912 gegründete Lokal, das durch eine prachtvolle Innengestaltung mit nostalgischen Möbeln, Stuck und Gemälden auffällt. Ganz besonders sticht die fast schon überbordende Deckenbemalung hervor. Es gibt Frühstück, warme Gerichte und Drinks.

MEIN TIPP

Mittagessen in der calle de la Palma

Im **Stadtteil Barrio de la Viña** 22 verläuft die Straße **calle Virgen de la Palma** [E–F4] grob vom Meer bis zur kleinen Kirche des Viertels. Das Besondere ist, dass dort wohl über ein Dutzend Restaurants ansässig sind, die alle Außensitzplätze besitzen. Zur Mittagszeit stellt man einfach die ganze Straße mit Tischen und Stühlen voll, sodass eine einzige **durchgehende „Fressgasse"** entsteht – eine ganz besondere Möglichkeit, entspannt unter freiem Himmel inmitten von in- und ausländischen Besuchern zu speisen, begleitet von Sprachengewirr, den Rufen der Bedienung, Lachen und Zuprosten. Ein einzigartiges Spektakel!

Tapasbars und Bistros

46 [H4] **Bar El Terraza** €, Pl. Catedral 3, Tel. 956265391, www.facebook.com/ElTerraza, geöffnet: tägl. 9–23 Uhr. Man sitzt sehr entspannt auf der Terrasse, während der Blick zur Kathedrale wandert. Serviert werden Hausmacherkost und Fisch aus der Bucht von Cádiz.

47 [E4] **Casa Manteca** €, Corralón de los Carros 66, Tel. 956213603, www.facebook.com/tabernamanteca, geöffnet: tägl. 12–16 u. 20.30–0.30 Uhr. 1953 gegründete, urige Weinbar mit Kleinigkeiten zum Essen in Form von Tapas (auf Papier serviert) oder halber Portion *(media ración).* Innen ist das Lokal bis unters Dach mit Bildern bekannter Toreros dekoriert, auch Stierköpfe dürfen nicht fehlen. Man muss kein Stierkampf-Fan sein, aber unzweifelhaft hat diese Bar ihren ganz eigenen Charme.

48 [G3] **El Laurel** €, c/ Obispo Urquinaona 3, Tel. 956225824, geöffnet: Di–Sa 12.30–16 u. 20.15–24 Uhr. Klassische Tapas in einer äußerlich eher einfachen Bar. Sehr beliebt, die Karte steht mit Kreide handgeschrieben auf einer Tafel. Die wenigen Tische werden nach einer Warteliste vergeben.

49 [H3] **La Candela** €€, c/ Feduchy 3, Tel. 956221822, www.facebook.com/LaCandelaTapasBar, geöffnet: 13.30–16 u. 20.30–23.30 Uhr. Moderne Einrichtung, überschaubare Karte mit großer Tapas-Auswahl, die neben den üblichen auch kreative Kompositionen bereit hält.

50 [J4] **La Rambla** €, c/ Sopranis 11, Tel. 956260358, geöffnet: tägl. außer Di ab 11 Uhr. Kleine, familiäre Eckbar in einer engen Straße, deswegen scheinbar immer voll. Es gibt Tapas sowie ganze oder halbe *raciones* und reichlich Flair dazu.

51 [G4] **Taberna La Bombilla** €, Pl. Libertad 14, Tel. 638136889, www.facebook.com/tabernalabombilla.cadiz, geöffnet: tägl. 11.30–16.30 u. 20.30–24 Uhr. Historisches Lokal (seit den 1960er-Jahren) direkt neben der Markthalle. Es ist mit Heiligenbildern und Fotos von Stierkampf, Fußball und Prozessionen urig eingerichtet. Ähnlich bunt ist auch das Tapas-Angebot: Von Fleisch bis zu Meeresfrüchten ist alles dabei. Die Atmosphäre ist ein wenig trubelig, rustikal und etwas laut, draußen stehen Fässer anstelle von Tischen. Besonderer Service: Der Koch bereitet aus Produkten, die der Gast gegenüber in der Markthalle gekauft hat, eine eigens kreierte Mahlzeit zu.

52 [H3] **Taberna La Manzanilla** €, c/ Feduchy 19, Tel. 956285401, auf Facebook, geöffnet: tägl. 11–15.30, Mo–Fr auch 19–22.30 Uhr. In den 1930er-Jahren vom Großvater des heutigen Besitzers gegründete Institution in Cádiz. „Hier gibt es kein Bier, keinen Kaffee, keinen Fernseher, nur Sherry", erklärt der Eigentümer nicht ohne Stolz. Das Lokal ist recht klein und hinter dem Tresen dominieren die großen Fässer, aus denen der Sherry in kleine, schlanke Gläser gezapft wird. Die Gäste stehen vor dem Tresen und der Wirt notiert die Zeche mit Kreide auf dem Schanktisch. Daneben kann der Sherry hier auch in Literflaschen erworben werden. Dazu gibt es einige Tapas.

MEINE TIPPS

Lecker vegetarisch

Eine gute Auswahl an vegetarischen Gerichten gibt es u. a. hier:

- **El Aljibe** (s. S. 82)

53 [H4] **La Veganesa**, c/ San Antonio Abad 5, Tel. 623193175, https://laveganesa.tucartawenu.com, geöffnet: Mi–So 13.30–17, Mi–Sa auch 20.30–mind. 24 Uhr. Kleines, gemütliches veganes Restaurant unweit der Kathedrale. Es bietet bekannte Gerichte in veganer Form, darunter auch so urspanische Speisen wie Tortilla oder Paella.

- **Mediterráneo** (s. S. 82)

Der erste Kaffee

- Den ersten Kaffee sollte man sich im **Brim** (s. S. 83) gönnen, wo es auch kaum etwas anderes gibt. Der Kaffee dort hat aber gemäß dem Urteil der Stadtbewohner eine besonders hohe Qualität.
- Das **Café La Marina** (s. S. 84) ist ideal für Fans des Fettgebäcks *churros*, stilecht serviert mit heißer Schokolade.
- Eine gute Frühstücksauswahl bietet **El Café de Ana** (s. S. 84).

Dinner for one

Wer in Ruhe allein speisen möchte, der wird hier fündig:

- **Abuela Elfrides** (s. S. 81)
- **El Aljibe** (s. S. 82)

Für den späten Hunger

- **La Huella** (s. S. 82): tägl. bis mindestens 0.30 Uhr geöffnet
- **San Francisco Uno** (s. S. 83): Fr/Sa bis 2 Uhr geöffnet

Lokale mit guter Aussicht

- **Bar Club Caleta** und **Quilla** (beide s. S. 83): Diese beiden Lokale befinden sich am Nordende des Stadtstrandes Playa de la Caleta [D4] – hier kann man mit einem wunderbaren Meerblick essen.
- **Bar El Terraza** (s. S. 84): Speisen in unmittelbarer Nähe zur Kathedrale 13, die sich von der Terrasse aus wunderbar bestaunen lässt
- **Café La Marina** (s. S. 84): der ideale Ort an der Plaza de las Flores 15, um das geschäftige Auf und Ab der Passanten zu beobachten

Cádiz am Abend

Nachtleben

Viele Bars befinden sich außerhalb der Altstadt entlang der **Strandpromenade** an der Westküste, hier herrscht vor allem im Sommer reges Treiben.

In der **Altstadt** konzentriert sich das Nachtleben auf wenige Straßen, beispielsweise die **calle Rosario** [G2–H3]. Viel los ist ferner auf dem Platz **Plaza de San Francisco** [G2–H3]. Auch in der **calle Zorrilla** [G1], die von der Plaza de Mina 29 abzweigt, treffen sich abends Nachtschwärmer in den Bars.

Direkt in der Altstadt gibt es keine **Diskotheken und Clubs**, diese wurden etwas abseits angesiedelt. Östlich der Altstadt, unweit der Plaza de Mina, ragt eine **Mole** ins Meer, die **Punta de San Felipe** [be], wo sich eine beliebte Ausgehzone mit Musikpubs, Clubs etc. gebildet hat. Dieses Areal ist nicht bewohnt, dort stehen bestenfalls Schiffscontainer – eine ideale Lösung, da keine nächtliche Ruhestörung zu befürchten ist.

Bars und Musikbars

Die folgenden **Musikbars** sind alle in der Altstadt gelegen:

54 [G3] **Cambalache Jazz Bar** €, c/ José del Toro 20, Tel. 607865801, geöffnet: Mo–Sa 21–3 Uhr. Gilt als das einzige Jazzlokal in Cádiz. So gibt es jeden Di. ab 22.30 Uhr Jamsessions, daneben aber auch Livemusik anderer Genres.

55 [J5] **El Pelicano MusiCafé** €€, Av. Fernández Ladreda 1, Tel. 856399327, www.facebook.com/ElPelicanoMusiCafe, geöffnet: tägl. außer Mo 16–2, Fr–So ab 12 Uhr. Knapp außerhalb der Altstadt auf Höhe des Stadttors Puerta de la Tierra am Meer gelegen. Am frühen Abend noch eher ein Café mit Terrasse zum Meer, verwandelt es sich im Laufe des Abends in eine Musikbar, in der auch Konzerte stattfinden.

56 [H2] **Evohé** €, c/ Beato Diego 8, Tel. 856074041, https://evohecadiz.com, geöffnet: tägl. 21–3 Uhr. Musikpub im Zentrum. Hier legen DJs auf, regelmäßig gibt es Konzerte, darunter Flamenco, aber auch Lesungen. Große Auswahl an internationalen Biersorten, u. a. aus Deutschland, Belgien und Mexiko.

57 [G2] **Habana Café** €€, c/ Rosario 21, Tel. 956225495, www.facebook.com/cafehabana.cadiz, geöffnet: tägl. 18–2, Fr/Sa 17–3 Uhr. Man sagt Cádiz nach, dass es in Bezug auf seine Häuser und das Wesen der Bewohner an Havanna erinnert. In dieser Bar kommt karibisches Flair auf: mit kubanischer Musik, bunter Dekoration, leckeren Cocktails (gute Mojitos!) und teils seltenen Biersorten.

58 [H2] **Medussa Music Bar** €€, c/ Manuel Rancés 1, www.facebook.com/medussasquad, geöffnet: Do–Fr ab 23 Uhr. Fester Bestandteil der Nachtleben-Szene von Cádiz, Mischung aus Musikbar und Disko. Der Schwerpunkt liegt auf Rock, gelegentlich Konzerte.

Clubs und Discos

Die folgenden Clubs befinden sich an der **Hafenmole** östlich der Altstadt:

59 [J1] **Kings & Queens Nightclub,** P° Almirante Pascual Perry 4, www.facebook.com/kingsandqueensnightclub, geöffnet: Di–Sa ab Mitternacht. Gilt als bekanntester Club der LGBT-Szene von Cádiz, auch Drag-Shows.

60 [be] **Momart Theatre,** P° Almirante Pascual Perry 25, www.facebook.com/TheatreMomart, geöffnet: Fr/Sa 23–6 Uhr. DJ-Sets, aber auch Livekonzerte. Junges Publikum.

61 [be] **Soho Alternative Bar,** P° Almirante Pascual Perry 15, https://soho-alternative-bar.negocio.site, tägl. 23–6 Uhr. Auch gemeinsames Fußball-Gucken, dann schon ab 21 Uhr geöffnet.

Theater und Konzerte

Es gibt ein klassisches Theaterhaus, benannt nach einem der größten Künstler der Stadt, Manuel de Falla (s. S. 36). Darüber hinaus existieren noch einige kleinere Bühnen.

62 [H4] **Café Teatro Pay-Pay,** c/ Silencio 1, Tel. 956252543, www.cafeteatropaypay.com, geöffnet: Mi–So meist ab 21 Uhr. Kleiner, fast schon intimer Veranstaltungsort, der ein breites Angebot an Kleinkunst, Lesungen, Konzerten, Vorträgen, Ausstellungen, Flamencoaufführungen etc. anbietet.

20 [E2] **Gran Teatro Falla.** Das Theater der Stadt aus dem späten 19. Jh., wuchtig in hellem, fast rosafarbenem Ton gehalten, mit maurischen Anklängen in der Architektur. Es bietet diverse Aufführungen: von Theater und Konzerten über Flamenco und Ballett bis zu Musicals. Zur Karnevalszeit im Februar finden hier die offiziellen Wettbewerbe der Karnevalschöre statt (s. S. 35).

63 [H1] **Teatro Central Lechera,** Pl. Argüelles 3, Tel. 956220628, www.facebook.com/centrallechera, Tickets hier vor Ort ab 1 Std. vor Veranstaltungsbeginn oder an der Kasse des Gran Teatro Falla **20**. Alternativ-Bühne mit einem breiten Programm, u. a. Konzerte, Tanz, Flamenco, Lesungen, Puppenspiel und Theateraufführungen.

Flamenco-Aufführungen

Cádiz hat eine sehr lebhafte Flamenco-Szene mit mehreren Bühnen:

64 [H2] **La Cava,** c/ Antonio López 16, Tel. 956211866, www.flamencolacava.com. Die Bühne unweit der Plaza de España zeigt seit 1999 Flamenco in einem Raum, der mit viel Holz ausgekleidet ist. An den Wänden prangen Fotos von Flamenco-Größen, die hier schon auftraten. Die Aufführungen beginnen um 21.30 Uhr.

65 [J1] **Peña Flamenca Enrique el Mellizo,** P° Nuevo Mundo s/n, Punta de San Felipe, Tel. 956221985, auf Facebook. Die Bühne ist nach einem sehr bekannten Flamenco-Sänger aus Cádiz benannt. Beginn der Aufführungen meist um 21 Uhr.

66 [D4] **Peña Flamenca Juanito Villar,** P° Fernando Quiñones s/n, am Damm zum Castillo de San Sebastián, Tel. 956225290, https://pflamencajuanitovillar.blogspot.com. Diese Bühne existiert seit 1975, seit 1995 ist sie am Strand La Caleta angesiedelt. Tagsüber wird hier ein Restaurant betrieben. Auftrittsbeginn in der Regel um 22 Uhr.

67 [J5] **Peña Flamenca La Perla de Cádiz,** c/ Carlos Ollero s/n, Tel. 956259101, www.perladecadiz.com. Seit Jahrzehnten bekannte und beliebte Flamenco-Bühne nahe des Stadttors. Beginn der Auftritte meist um 22, gelegentlich auch schon um 21 Uhr.

Das Gran Teatro Falla **20** *ist ein Glanzstück des Neomudéjar-Stils*

Cádiz zum Stöbern und Shoppen

Die in vielen spanischen Städten so dominierenden großen **Einkaufszentren** und das eigentlich in jeder halbwegs großen Stadt präsente **Großkaufhaus El Corte Inglés** (s. rechts) gibt es auch in Cádiz, aber nicht in der Altstadt. Hier fehlen schlicht die Flächen und deshalb befinden sich diese Shoppingtempel *extramuros*, also **außerhalb der Altstadtmauern,** und zwar auf der Landzunge zum Festland, dem Isthmus.

In der **Altstadt** finden sich zwar einige **Supermärkte**, beispielsweise in der Nachbarschaft der Markthalle 16, aber das sind überwiegend eher kleinere, wo man den Grundbedarf an Lebensmitteln und ein paar Haushaltswaren bekommt. Die **Markthalle** selbst ist nach wie vor ein wichtiger Anlaufpunkt für die Bewohner der Altstadt, denn frischere Lebensmittel wird man schwerlich finden.

In der Prachtstraße **calle Ancha** 28, die durch ihre schicken historischen Bauten geprägt ist, verläuft eine **Fußgängerzone.** Hier gibt es – neben einem großen gastronomischen Angebot – auch einige Geschäfte.

In der kurzen, engen **calle Compañía** [G4], die von der Kathedrale 13 fast bis zur Markthalle führt, lassen sich noch viele kleinere Läden finden, darunter auch einige alteingesessene Geschäfte. Daneben wird viel für den täglichen Bedarf angeboten. In der Straße kann es aber schnell voll werden, da sie auch zur ausgesprochen beliebten **Plaza de las Flores** 15, dem Blumenplatz, führt, wo es neben Geschäften auch etliche Lokale für eine Shoppingpause gibt.

Gut geeignet für einen Einkaufsbummel ist die Straße **calle Columela** [G3–H2], die nördlich vom Blumenplatz abzweigt und in der vor allem Ableger großer internationaler Ketten ansässig sind und nur vereinzelt kleine, urige spanische Läden. Eine Mischung aus Bars und kleinen Geschäften findet man in den beiden die calle Columela kreuzenden Straßen, **calle Rosario** und **calle San Francisco** [beide G2–H3].

> **Shoppingareale**
> Die wichtigsten Shoppingbereiche der Stadt sind im Kartenmaterial mit einer rötlichen Fläche markiert.

Kaufhaus

68 [cf] **El Corte Inglés,** Av. Las Cortes de Cádiz 1, Tel. 956297100, www.elcorteingles.es, Mo–Sa 10–22, So 11–22 Uhr. Filiale der größten spanischen Kaufhauskette, bietet praktisch alles, darunter Damen- und Herrenmode, Elektronik, Bücher, Musik und einen sehr gut bestückten Supermarkt.

Lebensmittel und Feinkost

69 [H4] **Confitería El Populo,** c/ Pelota 16, Tel. 956282805, geöffnet: tägl. 9–21.30 Uhr. Ein Klassiker in Cádiz! 1846 eröffnete diese Konditorei und wird nun betrieben von der Familie Rosas. Geblieben ist die hohe Qualität der Backwaren, vor allem des Süßgebäcks **Turrón de Cádiz,** das es in verschiedenen Größen gibt. Natürlich wird auch spezielles Gebäck für Weihnachten, Ostern und zum Karneval gebacken

In den schmalen Gassen von Cádiz gibt es noch viele kleine Läden

und dann stehen die Kunden Schlange bis draußen auf die Straße. Obendrein gibt es hier Kulinarisches aus der Region Cádiz, etwa Wein.

› **Markthalle Mercado Central** ⑯. Rund 170 Verkaufsstände zählt die Markthalle: für Fisch und Meeresfrüchte, Fleisch, Gemüse, Obst, Backwaren, Oliven etc. Es gibt sogar einen Stand für Tüten und Papier.

70 [F3] **Pastelería Alameda,** c/ Sacramento 24, Tel. 856076391, www.facebook.com/Pastelerialameda, geöffnet: tägl. 10–21 Uhr. Große Auswahl an Keksen, Pralinen, Törtchen und Backwaren. Kaum jemand kann hier an den Schaufensterauslagen vorbeigehen, ohne Appetit zu bekommen.

Bücher und Medien

71 [G3] **El Melli,** Pl. Libertad s/n, Kiosk 1–4 gegenüber der Markthalle, Tel. 956213933, www.elmelli.com, geöffnet: Mo–Fr 9.30–14.30 u. 18–21, Sa 9.30–14 Uhr. Ein Unikum! In diesem kleinen Kiosk zwischen Markthalle und Post werden zahlreiche CDs mit Bezug zu Cádiz verkauft, darunter Karnevalslieder, Flamenco oder die Werke weniger bekannter Solisten und Musikgruppen aus der Stadt.

72 [G2] **Librería Manuel de Falla,** Pl. de la Mina 2, Tel. 956227406, geöffnet: Mo–Fr 9.30–14.30 u. 17–21 Uhr. Solch einen Buchladen sieht man sonst nur noch im Film: klein, eng und bis unter die Decke vollgestopft mit Büchern. Hier gibt es auch (spanischsprachige) Titel über Cádiz.

73 [G2] **Quorum Libros,** c/ Ancha 27, Tel. 956807026, geöffnet: Mo–Sa 10–14.30 u. 17.30–21 Uhr. Ambitionierte Buchhandlung, die seit 1991 das kulturelle Leben von Cádiz bereichert, denn hier finden auch Lesungen und Autogrammstunden statt. Außerdem publiziert das Haus eigene Werke.

Mode und Schuhe

74 [G3] **Alter-nativo,** c/ José del Toro 13, Tel. 856247146, www.facebook.com/Alternativocadiz, geöffnet: Mo–Fr 10.30–14.30 u. 17.30–21, Sa 10.30–14.30 Uhr. Kleine Boutique für Damenmode, Accessoires (Hüte, Taschen) und Geschenkartikel.

75 [G2] **Casa la Mar,** c/ Beato Diego de Cádiz 1, Tel. 669337549. https://casalamar.es, geöffnet: Mo–Fr 10.30–14 u. 18–21.30, Sa 10.30–14 Uhr. Schicker Shop für Damenmode, v. a. elegante, mit Fotos von Cádiz und dem Meer

049ca-sm

bedruckte Seidenschals, außerdem Accessoires und Keramik, Schmuck, Dekoartikel etc.

76 [H2] **Natura** , c/ San Francisco 22, Tel. 956224784, geöffnet: Mo–Sa 10–14 u. 17.30–21 Uhr. Kleiner Shop einer mittlerweile landesweiten Kette, die vor einigen Jahrzehnten von zwei jungen Männern aus Barcelona gegründet wurde. Betörender Weihrauch empfängt Besucher, die hier nach Geschenken, Accessoires und nachhaltiger Mode suchen.

77 [G3] **Sasha Alpargatas,** c/ Sacramento 24, gegenüber dem Torre Tavira, Tel. 956046465, https://sashalpargatas.es, geöffnet: Mo–Fr 10.30–20.30, Sa 10.30–14 Uhr. Kleiner Laden, der vor allem *alpargatas* (Bastschuhe) anbietet, aber auch Einkaufskörbe aus Bast.

Souvenirs und Kurioses

78 [G3] **Cuchillería Serafín,** c/ Compañía 3, Tel. 956222401, geöffnet: Mo–Fr 9.30–13.30 u. 17–20.30, Sa 9.30–13.30 Uhr. Ein Traditionsgeschäft, spezialisiert auf Haushaltsbedarf, Messer, Scheren und ähnliches Handwerksgerät. Der Laden wurde 1897 vom Urgroßvater des heutigen Besitzers gegründet, der den Vornamen Serafín trug und dem das Geschäft auch seinen Namen verdankt. Der Laden gilt als das älteste Geschäft von Cádiz. Es ist zugleich eine Art Museum, denn es gibt noch Handwerksgeräte von anno dazumal, z. B. eine Schleifmaschine, die ohne Strom funktioniert und mit den Füßen angetrieben wird.

79 [H4] **Pelayo** , c/ Cobos 17, Tel. 956288037, https://figago84.wixsite.com/pelayo, geöffnet: Mo–Sa 10–15 u. 18–21, So 12–14 Uhr. Eine kuriose Mischung: Das Geschäft verkauft Produkte aus der Region Cádiz, vor allem Lebensmittel wie Käse, Olivenöl, Schinken oder Wein. Zugleich stehen historische Motorräder im Laden, aber nur als Ausstellungsstücke. Der Verkaufsraum ist regelrecht vollgestopft, man weiß gar nicht so recht, wohin man zuerst schauen soll. Man kann auch Platz nehmen und die Delikatessen gleich vor Ort probieren.

80 [F3] **Regla Lorenzo Artesanía** , c/ Sacramento 30, Tel. 671474263, geöffnet: Mo/Di 10.30–14, Mi–Fr 10.30–14 u. 17–20 Uhr. Kleiner Shop, der sich auf handgemachte Fächer spezialisiert hat, die hier sogar repariert werden.

Cádiz zum Durchatmen

Auch wenn die City von Cádiz nicht gerade durch Hektik auffällt, mag man sicher auch mal ein Päuschen einlegen, um sich vom Schlendern, Gucken und Orientieren zu erholen. Die Seele baumeln lassen – das gelingt an diesen Orten:

› Der kleine **Stadtstrand Playa de la Caleta** [D4] liegt am westlichen Rand der Altstadt und öffnet sich wie eine weit geschwungene Sichel. Er ist nicht übermäßig lang und es gibt sicherlich attraktivere Strände außerhalb der Altstadt, aber für eine kurze Auszeit am Sandstrand eignet er sich hervorragend. Obendrein gibt es hier das rustikale Lokal Bar Club Caleta (s. S. 83), in dem eine reichhaltige Fischküche aufgetischt wird.

› Wer sich am weitläufigen **Hauptstrand** eine Siesta gönnen möchte, muss die Altstadt verlassen und das Stadttor Puerta de la Tierra 1 passieren. Unmittelbar südlich des Stadttors beginnt der Strandabschnitt **Playa de Santa María del Mar** [bf], der Auftakt zu einem kilometerlangen Strandbereich, an dem man immer ein ruhiges Fleckchen findet.

› Der **Parque Genovés** 25 ist eine einladende Grünfläche am westlichen Ende der Stadt. Diverse Wege führen durch den Park, Bänke stehen an jeder Ecke,

022ca-sm

Die Alameda Apodaca (26) ist eine charmante Ruhezone

eine Bar mit großer Terrasse befindet sich etwa mittig und zu Gucken gibt es eigentlich immer etwas. Ideal, um ein Päuschen im Schatten einzulegen.

› Wer die neben dem Parque Genovés gelegene Landspitze mit der Festung Baluarte de la Candelaria [F1] passiert, erreicht sogleich die zwar kleinere, aber ähnlich hübsche Grünanlage der **Alameda Apodaca** (26).
› Die **Plaza de Mina** (29) erstreckt sich unmittelbar am Museo de Cádiz (30) und bietet sich nicht nur nach einem Museumsbesuch als Pausenstopp an. Der Platz ist sehr schön begrünt, zahlreiche wuchtig ausladende Bäume spenden Schatten und die Terrassenlokale sind sehr einladend.
› Die **Plaza de la Candelaria** (36) ist zwar nicht sehr groß, aber hübsch begrünt und besitzt auch ein paar Bänke. Viel los ist hier meist nicht, weswegen man in Ruhe verschnaufen kann.

Zur richtigen Zeit am richtigen Ort

Das größte Fest der Stadt ist der Karneval, für den Cádiz landesweit berühmt ist und wegen dem viele spanische Besucher extra zu Besuch kommen. Auch die Osterwoche wird mit täglichen Prozessionen groß gefeiert. Neben vielen kirchlichen Feiertagen finden auch einige besondere Kulturveranstaltungen statt.

Auf der **Homepage** der Stadtverwaltung gibt es unter „Fiestas y Tradiciones" Infos zu den wichtigsten Festivitäten der Stadt, allerdings nur auf Spanisch.

› https://turismo.cadiz.es/cultura/cultura

Carnaval de Cádiz

Karneval wird in Cádiz als **Straßenfest mit Umzügen** und vor allem mit viel Musik und Gesang gefeiert. Musikgruppen geben **Spottlieder** zum

Besten. Diese Chöre sind das markante Zeichen des Karnevals in Cádiz. Sie treten in unterschiedlichen Größen auf und haben, je nach Größe, unterschiedliche Instrumente.

Bereits einen Monat vor dem offiziellen Beginn des Karnevals treten die Musikgruppen gegeneinander an, besonders auf der Bühne des **Gran Teatro Falla** ⓴. Aber es gibt auch Gruppen, die nur öffentlich auf der Straße spielen. Alle Chöre besingen mit lustigen, selbst verfassten Liedern die politischen und sonstigen Ereignisse spöttisch und humorvoll. Im Gran Teatro Falla treten bis zu hundert Chöre an und am Freitag vor Aschermittwoch kommt es zum großen Finale.

Aber auch auf der Straße geht es stimmungsvoll weiter. Am Sonntag und **Rosenmontag** folgen mehrere Umzüge durch die Stadt, der große Umzug führt dabei über die Hauptzufahrtsstraße. In der Altstadt sind die *Carruseles de coros* („Karussells der Chöre") unterwegs. Fantasievoll gekleidete Chöre stehen auf offenen Anhängern, die von Treckern gezogen durch die Altstadt fahren, und schmettern ihre Lieder an mehreren Plätzen. Der Montag ist in Cádiz ein offizieller Feiertag und wird *Lunes de coro* („Montag der Chöre") genannt, umgangssprachlich und wohl näher an der Wahrheit heißt er *Lunes de resaca* („Kater-Montag").

Am **Aschermittwoch** ist noch längst nicht alles vorbei: Man feiert noch einige Tage weiter bis zum nächsten Sonntag, an dem die Figur der *Bruja Piti* („Hexe Piti") verbrannt wird. Nun endet der Karneval und die Fastenzeit beginnt.

Eine Osterprozession führt über die Plaza de San Juan de Dios ❼ *zur Kathedrale* ⓭

051ca-sm

Semana Santa (Ostern)

Die **Semana Santa** („**Heilige Woche**") ist geprägt von **Prozessionen und Umzügen**, mehrheitlich organisiert von religiösen **Bruderschaften.** In Cádiz finden in der einwöchigen Osterzeit zwischen Palmsonntag und Ostersonntag täglich Prozessionen statt, die eine Mischung aus religiösem Ritus, Fiesta, Bußgang, Drama und farbenfrohem Spektakel sind. Die Bruderschaften ziehen durch die Straßen der Altstadt und tragen ein **tonnenschweres Gestell**, auf dem die Skulptur der oder des **Schutzheiligen** ihrer Kirche steht – eine sehr anstrengende Angelegenheit. Ein Vorsteher dirigiert die Träger durch Kommandos. Er versucht, sie in einen leicht schaukelnden Gang zu bringen, gewährt ihnen aber immer wieder Pausen, indem er das Zeichen zum Absetzen des Gestells gibt. Begleitet wird die Prozession von einer **Musikkapelle**, die getragene Melodien spielt. Manchmal sind es schweigende Umzüge (besonders an Karfreitag), meist sind sie aber von Musik begleitet und immer wieder kommt der ganze Umzug zum Stehen, wenn jemand voller Emotionalität aus tiefstem Herzen ein „Loblied" *(saeta)* singt.

Begleitet werden die Umzüge von *nazarenos,* den sogenannten **Büßern** in knöchellangen Trachten mit spitz zulaufenden Kapuzen, die das Gesicht verbergen. Das Ganze dauert meist mehrere Stunden, denn die Brüder müssen zunächst den *trono* („Thron"), das Gestell mit der Heiligenfigur, aus der jeweiligen Kirche holen, ihn dann auf einem festgelegten Weg auf der Prozessionsstrecke durch die Stadt zur Kathedrale ⓭ bringen und schließlich wieder zurück zur Kirche gehen.

Landesweite Feiertage

Wie überall in Spanien werden auch in Cádiz die folgenden landesweiten Feiertage begangen. Der zweite Weihnachtsfeiertag und Ostermontag sind in Spanien keine offiziellen Feiertage.

- **1. Januar:** *Año Nuevo,* Neujahr
- **6. Januar:** *Día de Reyes,* Heilige Drei Könige (an diesem Tag werden die Weihnachtsgeschenke verteilt)
- **28. Februar:** *Día de Andalucía,* Tag der Autonomen Region Andalusien (regionaler Feiertag)
- **Gründonnerstag:** *Jueves Santo*
- **Karfreitag:** *Viernes Santo*
- **1. Mai:** *Día del Trabajo,* Tag der Arbeit
- **25. Juli:** *Santiago Apóstol,* Sankt Jakobus
- **15. August:** *Fiesta de la Asunción,* Mariä Himmelfahrt
- **12. Oktober:** *Fiesta Nacional de España,* Nationalfeiertag
- **1. November:** *Todos los Santos,* Allerheiligen
- **6. Dezember:** *Día de la Constitución,* Tag der Verfassung
- **8. Dezember:** *Purísima Concepción,* Tag der Unbefleckten Empfängnis
- **25. Dezember:** *Navidad,* Weihnachten

Infos zum **Zeitplan** und einzelnen **Wegstrecken** liefert diese Website:

- www.consejocofradiascadiz.net (unter „Semana Santa", nur auf Spanisch).

Weitere Veranstaltungen

- **Reyes:** Am **6. Januar** erhalten die Kinder ihre Weihnachtsgeschenke von den Heiligen Drei Königen. Dazu gibt es am Vorabend, dem 5. Januar, einen feierlichen Einzug in die Stadt, der staunend von Groß und Klein begleitet wird.

- **April/Mai:** Seit Jahrzehnten findet im benachbarten **Jerez de la Frontera** ein internationales **Motorradrennen** statt, der **Gran Premio de España de Motociclismo** (Große Preis von Spanien), zu dem Tausende von Zuschauern kommen. Austragungsort ist der Circuito de Jerez. Infos: www.circuitodejerez.com.
- **Mai:** Das **Festival Internacional del Títere** ist ein internationales Puppenspiel-Festival, mit Aufführungen für Kinder und Erwachsene an verschiedenen Orten in der Stadt, z. B. in der Festung Baluarte de la Candelaria [F1]. Infos: www.facebook.com/festivaltiterecadiz.
- Das Fest **Cruces de Mayo (Mai-Kreuze)** wird in vielen Orten gefeiert. Dabei werden auf den wichtigsten Plätzen der Stadt blumengeschmückte Kreuze aufgestellt und es finden Prozessionen sowie Umzüge statt. Das Fest erinnert an das Auffinden des Kreuzes, an dem Jesus starb, durch die Mutter des römischen Kaisers Konstantins. Sie schickte daraufhin kleine Teile des Kreuzes in die gesamte christliche Welt, so jedenfalls besagt es die Legende.
- **Corpus Christi (Fronleichnam)** wird im **Juni** in Cádiz mit einer großen Prozession begangen, außerdem schmücken Blumenteppiche die Stadt und es treten Chöre auf.
- **San Juan** ist ein landesweites Fest, das in der **Johannisnacht vom 23. auf den 24. Juni** gefeiert wird, wenn möglich am Strand. Es geht dabei laut zu, ständig krachen Feuerwerk und Knallkörper und so geht es die ganze Nacht hindurch. Um Mitternacht werden große Holzstapel angezündet, teilweise werden auch Puppen verbrannt, die das Böse symbolisieren sollen. Diese Puppen werden *Juanillo* genannt.
- **Sept./Okt.:** Das **Dokumentarfilmfestival Alcances** wird im Castillo de Santa Catalina 24 veranstaltet. Infos: www.alcances.org.
- **Oktober:** Im Rahmen des **Festival Iberoamericano de Teatro de Cádiz** finden an mehreren Orten, u. a. im Gran Teatro Falla 20, auf der Plaza de San Juan de Dios 7, im Parque Genovés 25 und am Strand Playa de la Caleta [D4], vielfältige Theater- und Tanzaufführungen sowie Performances statt. Weitere Infos: www.fitdecadiz.org.
- Die **Fiesta de la Virgen del Rosario** am **7. Okt.** ist ein Fest zu Ehren der Schutzpatronin von Cádiz mit tagsüber stattfindenden Gottesdiensten und einer Prozession am Abend, ausgehend von der Kirche Iglesia Conventual de Santo Domingo 5.
- Die **Fiesta de la Virgen de la Palma** wird am **1. Nov.** im Stadtviertel Barrio de la Viña 22 begangen. Man dankt der Schutzheiligen für ein Wunder, das sie 1755 vollbrachte, als sie das Viertel nach dem großen Erdbeben in Lissabon vor Schäden schützte.
- **Nov.:** Das **Festival de Música Española de Cádiz** wurde 2002 zum Andenken Manuel de Fallas (s. S. 36) gegründet und widmet sich teils unbekannten spanischen und v. a. andalusischen Komponisten sowie Werken. Infos: www.juntadeandalucia.es/cultura/aaiicc/festival-musica-cadiz.

CÁDIZ VERSTEHEN

041ca-sm

Cádiz – ein Porträt

Cádiz weist zwei Besonderheiten auf, die es von vielen spanischen Städten unterscheidet: Mit über 3000 Jahren gilt es als **älteste Stadt Spaniens,** wenngleich es ein genau dokumentiertes Gründungsjahr nicht gibt. Belegt sind archäologische Funde aus der Epoche der Phönizier, die hier im angenommenen Gründungsjahr siedelten. Damals war Cádiz keine Großstadt, sondern eine **Siedlung auf einer kleinen Insel** – und genau das ist die zweite Besonderheit. Wie lange Cádiz eine Insel ohne Landverbindung war, ist ebenfalls nicht bekannt. Irgendwann aber bildete sich ein **Tombolo,** eine schmale Landverbindung in Form eines Dünenstreifens, der durch ständig angespülte Sedimente und fortwährend angewehten Sand entsteht. Wobei die Landverbindung bei Cádiz bei genauer Betrachtung auf eine weitere vorgelagerte Insel führt, nämlich zur **Isla de León,** auf der noch heute die Stadt **San Fernando** liegt.

◁ *Vorseite: Büßer in ihrer Tracht begleiten die Osterprozession (s. S. 93)*

Auch sie ist durch einen Wasserlauf, den **Caño de Sancti Petri**, vom eigentlichen Festland getrennt.

Dass Cádiz einst eine Insel war, nimmt man heute kaum noch wahr, wenn man sich der Stadt nähert. Aus dem schmalen Sand- und Dünengürtel, über den man sich noch im 18. Jh. mühsam auf einem Pfad durch die Dünen zum Festland kämpfen musste, ist eine stabile, breite, stark bebaute Landverbindung geworden. Dadurch zeigt sich Cádiz heute **zweigeteilt:** Der historische Bereich mit der **Altstadt** liegt nach wie vor auf der einstigen Insel, der **moderne Teil** entstand auf der Landenge, dem **Isthmus.** Hier wurden Wohnblocks, Büros, ein Krankenhaus, Hotels, Supermärkte, ein Fußballstadion, eine Bahnverbindung und eine mehrspurige Schnellstraße erbaut. Die Straße führt über mehrere Kilometer vom Festland zwischen modernen Hochhäusern hindurch, bis man schließlich das historische **Stadttor Puerta de la Tierra** ❶ erreicht, hinter dem sich die eigentliche Altstadt erstreckt.

Die bauliche Entwicklung des Isthmus dauerte allerdings lange, denn anfänglich wollte niemand dauerhaft

außerhalb der geschützten Altstadt wohnen. Das war viel zu gefährlich! So existierte dort in früheren Zeiten praktisch keine Siedlung, lediglich einige Fischer und Kleinbauern besaßen dort kleine Hütten. Sie errichteten ihre bescheidenen Behausungen, um nicht abends den weiten Weg zurück in die Stadt gehen zu müssen. Später kamen weitere Häuser dazu und bald entstanden zwei neue Siedlungen: **San José** und **San Severiano** nahe an der Altstadt.

Damals wurden die Verstorbenen innerhalb der Stadtmauer auf den **Friedhöfen** ihrer jeweiligen Kirchengemeinde beerdigt. Das änderte sich 1787, als per königlichem Dekret angeordnet wurde, dass die Toten außerhalb der Stadtmauer bestattet werden sollten. Und so geschah es auch: Angegliedert an die Kirche von San José entstand ein Friedhof. Dieses Areal entwickelte sich zunächst schleppend, erst im 20 Jh. setzte ein rasanter Aufbau ein. Beginnend am Stadttor im Norden und hinter der Strandzone im Westen wurde die Landzunge über etwa vier Kilometer intensiv bebaut. Heute breitet sich hier das moderne Cádiz aus.

Während die **Altstadt** überwiegend aus relativ niedrigen Häusern von drei bis fünf oder sechs Etagen besteht, wird die moderne **Neustadt** auf dem Isthmus durch Hochhäuser geprägt, was schon rein optisch einen starken Kontrast darstellt. Von den 116.000 Einwohnern leben nur etwa 40.000 *intramuros,* also innerhalb der Altstadt.

Da die Struktur der Altstadt aus früheren Jahrhunderten stammt, ist dieser Bereich nicht für den heutigen **Autoverkehr** geschaffen. Viele Straßen sind schlicht zu schmal, Parkplätze gibt es kaum. Einige Altstadtbereiche sind daher reine Fußgängerzonen. Eine **Ringstraße** führt entlang der Küste einmal um die Altstadt herum, denn bis heute ist diese an drei Seiten von Wasser umgeben. Diese **Verbundenheit mit dem Wasser** drückt sich auch in der Lage des **Hafens** aus, der sich nordöstlich direkt an die Altstadt anschließt. Nur wenige Schritte außerhalb des Stadttors befindet sich der **Bahnhof** von Cádiz. Innerhalb der Altstadt steht ferner ein Großteil al-

Stadtansicht von Cádiz, vorne rechts die Kathedrale ⓭

076ca-as©Sergiy Nykonenko - stock.adobe.com

ler historischen **Sehenswürdigkeiten**, von der imposanten Kathedrale 13 über weitere kleinere Kirchen bis zu den bedeutenden Museen. Außerdem gibt es hier die Markthalle Mercado Central 16, kleine Geschäfte und zahllose Bars sowie Restaurants.

Die schönen **Strände** liegen dagegen außerhalb der Altstadt, nämlich entlang der Landzunge in Richtung Festland. Dort hat der beständig wehende Wind über die Jahrhunderte dafür gesorgt, dass sich neuer Sand anlagerte – so konnten sich die Strände auf mehr als 100 Metern Breite ausdehnen. Außerhalb der urbanen Zone schichteten sich auf dem Isthmus sogar einige kleine **Dünen** auf.

Auch wenn Alt- und Neustadt dicht bebaut sind: Nicht das gesamte Stadtgebiet von Cádiz ist urban und besiedelt, denn die Stadt wird von einem großen, geschützten **Naturpark** begrenzt. Der **Parque Natural Bahía de Cádiz** („Bucht von Cádiz") liegt an der Flussmündung des Río Guadalete und erstreckt sich weiter auf dem Festland zwischen Puerto Real und San Fernando. Insgesamt nimmt der Naturpark eine Fläche von 10.522 Hektar ein. Hier gibt es noch ursprüngliche Naturräume wie Feuchtgebiete, Marschland und Salzlagunen, wo schon die Phönizier Salz gewonnen haben. Wer sich Cádiz aus Richtung Sevilla nähert, der durchfährt den Naturpark und sieht vor allem das Feuchtgebiet und die aufgetürmten Salzberge.

Früher war eine Fahrt nach Cádiz sicher mühsam, heute gibt es neben einer direkten Bahnverbindung **drei große Zufahrtswege**, die sich alle auf dem Isthmus kurz vor dem Stadttor vereinen: Die älteste Verbindung ist die **Straße von San Fernando (CA-33)**, die dem uralten Weg durch die Dünen folgt. Sie war über viele Jahre der einzige Straßenzugang in die Stadt. Im Jahr 1969 wurde eine Brücke nach Nordosten zum Nachbarort Puerto Real eröffnet, die **Puente José León de Carranza** [dg], für die bereits seit 1927 erste Pläne in der Schublade lagen. Schließlich aber wollte man einen richtig großen Wurf landen und eine neue, gewaltige Brücke bauen, die ebenfalls nach Nordosten verläuft. Diese trägt den Namen **Puente de la Constitución de 1812** („Brücke der Verfassung von 1812") [c–df] und sollte pünktlich zur 200-Jahr-Feier der Verkündung der spanischen Verfassung (s. S. 34) im Jahr 2012 fertig sein. Das klappte leider nicht, die Brücke wurde erst 2015 eingeweiht. Eindrucksvoll ist sie aber trotzdem, denn sie überspannt die Bucht als längste Brücke Spaniens (3095 m). Über die Puente de la Constitución de 1812 erreicht man rasch die Autobahn nach Sevilla und deren Fortsetzung nach Madrid. Ob die Brücke wirklich notwendig war, darüber wird noch heute gestritten. Optisch jedenfalls setzt sie einen markanten Punkt kurz vor der Einfahrt in die Stadt. Diese Zufahrt führt am Hafen vorbei direkt in die Altstadt, die anderen beiden Zufahrtswege verlaufen über das wuchtige Stadttor in die Altstadt, die nach wie vor mit ihrer Insellage beeindruckt – so wie schon vor 3000 Jahren.

KURZ & KNAPP

Cádiz in Zahlen

- **Gegründet:** um 1100 v. Chr.
- **Einwohner:** 116.000 (2019)
- **Bevölkerungsdichte:** 9589 Einw./km², in der Altstadt deutlich höher
- **Fläche:** 12 km²
- **Höhe ü. M.:** 11 m
- **Temperatur im Jahresdurchschnitt:** 18,6 °C

Von den Anfängen bis zur Gegenwart

Cádiz gilt als älteste Stadt Spaniens. Laut einem römischen Chronisten soll die Stadtgründung durch die Phönizier „80 Jahre nach dem Krieg um Troja" erfolgt sein, also um 1100 v. Chr. Nach offizieller Darstellung der Stadt soll dieses Ereignis sogar auf das Jahr 1104 v. Chr. zurückgehen. Cádiz nennt den legendären Herkules als Stadtgründer – so ist es auch im Stadtwappen vermerkt: „Hercules Fundator Gadium Dominatorque" („Herkules, Gründer und Herrscher von Cádiz"). Gesichert sind jedenfalls Fundstücke der Phönizier aus dem 7. Jh. v. Chr. Die wichtigsten Funde sind zwei phönizische Sarkophage aus dem Jahr 541 v. Chr., die im Museo de Cádiz 30 *ausgestellt sind.*

Ab 500 v. Chr. Gadir (später: Cádiz) gehört zum Reich der Karthager. Sowohl Hamilkar Barkas (237 v. Chr.) als auch sein Sohn Hannibal (218 v. Chr.) planen von hier Kriegszüge über die Iberische Halbinsel und gegen die erstarkenden Römer.

206 v. Chr. Die Karthager müssen Gadir an die siegreichen Römer übergeben, der Stadtname wechselt zu Gades.

49 v. Chr. Cádiz unterstützt Julius Cäsar in einem innerrömischen Krieg, erhält Privilegien und wird so zu einer der mächtigsten Städte im westlichen Römischen Reich.

3. Jh. Das römische Imperium wankt, die Iberische Halbinsel wird von den Westgoten erobert. Cádiz verliert seine wirtschaftliche und politische Bedeutung, da auch die Handelswege nach Rom wegfallen.

522 Ein byzantinisches Heer erobert die Siedlung.

620 Die Westgoten erobern Cádiz.

711 Die Mauren überqueren unter Führung des Berbers Tarik Ibn Ziyad bei Gibraltar die Meerenge nach Spanien und erobern auch Cádiz. In der Schlacht beim Río Guadalete werden die Westgoten so massiv geschlagen, dass ihr Reich auf der Iberischen Halbinsel binnen kürzester Zeit zusammenbricht.

844 Die Wikinger erreichen Cádiz und plündern die Stadt.

1262 Christliche Heere unter Führung von König Alfonso X. erobern Cádiz und vertreiben die Mauren. Christliche Siedler werden gezielt angeworben, um die Stadt neu zu beleben. Cádiz erhält das Stadtrecht, einen Bischofssitz und das Monopol im Handel mit Afrika, der zwingend über dessen Hafen laufen muss.

16. Jh. Mehrere große Entdeckungsfahrten in Richtung Amerika starten von Cádiz aus. So bricht Christoph Kolumbus von hier zu seiner zweiten Reise auf und auch Álvar Núñez Cabeza de Vaca (1488–1559) beginnt hier seine zweite Fahrt, die ihn nach Südamerika führt (bei der ersten befuhr er die Küsten Mexikos und der USA). Er wird der erste Europäer sein, der die Wasserfälle von Iguaçu sieht.

Zeugen der Vergangenheit: Stelen der Phönizer am Strand von Cádiz

052ca-hj

053ca-sm

1587 Der Brite Francis Drake zerstört mit seinem Gefolge die im Hafen von Cádiz liegende spanische Flotte.

1591 Aus diesem Jahr stammt die älteste schriftliche Überlieferung des mittlerweile legendären Karnevals von Cádiz. Aus dem Jahr 1652 ist die schriftliche Beschwerde eines Generals überliefert, dass die Werftarbeiter sich weigern, sein Schiff zu reparieren und lieber zum „Carnestolendas“ gehen, wie die Karnevalszeit im Altspanischen genannt wird.

1596 Während des Englisch-Spanischen Krieges plündert ein englisch-niederländisches Heer Cádiz und zerstört die Stadt massiv.

1702 Im Zuge des Spanischen Erbfolgekrieges versucht ein niederländisch-englisches Heer, den Hafen von Cádiz einzunehmen. Das Vorhaben misslingt, stattdessen wird der Nachbarort El Puerto de Santa María geplündert. Das Ereignis geht als „Schlacht bei Cádiz“ in die Geschichte ein.

1717 Cádiz wird Sitz der Monopolbehörde Casa de Contratación und damit alleiniger Hafen für den Amerikahandel, da der bisherige Hafen Sevilla immer schwieriger zu erreichen ist. Dieses Privileg wird 1765 gelockert und 1778 abgeschafft.

1755 Ein schweres Erdbeben bei Lissabon richtet auch Schäden in Cádiz an.

1810 Französische Truppen besetzen ganz Spanien, nur Cádiz nicht.

1812 Die erste liberale Verfassung Spaniens wird in Cádiz ausgearbeitet und verkündet (s. S. 34).

1868: Am 19. Sept. beginnt das in Cádiz stationierte Militär eine Revolte, die sich bald auf das ganze Land ausbreitet. Die spanische Königin Isabella II. flieht ins Exil nach Frankreich und dankt 1870 ab.

Ab 1900 Der Hafen von Cádiz wird modernisiert.

⌃ Kachelbild von der Verkündung der spanischen Verfassung von 1812 (s. S. 34) in Cádiz

› Die Puente de la Constitución de 1812 [c-df] überspannt die Bucht

1910 Gründung des Fußballclubs Cádiz Club de Fútbol (CF Cádiz)

1936 Der Spanische Bürgerkrieg bricht aus. Cádiz wird sofort von den Aufständischen (Nationalisten) erobert. Dadurch wird es Franco und seinen Truppen erleichtert, aus Afrika, wo sie stationiert sind, nach Spanien überzusetzen. Der Bürgerkrieg dauert bis 1939.

1939–1945: Im Zweiten Weltkrieg bleibt Spanien offiziell neutral.

1947 Ein Lager für Unterwasserminen der Marine explodiert und zerstört einen ganzen Stadtteil knapp außerhalb der Stadtmauer. Es sind 150 Tote zu beklagen (s. S. 40).

1969 Eröffnung der großen Brücke Puente José León de Carranza [dg], die Cádiz mit Puerto Real auf dem Festland verbindet

1979 Die Universidad de Cádiz wird gegründet.

1981 Höchststand der Bevölkerungszahl mit 157.999 Einwohnern. Seitdem sinkt die Zahl der Bewohner kontinuierlich.

1987 Der Strand Playa de la Caleta [D4] erhält erstmals die Blaue Flagge. Auch in den Folgejahren wird er immer wieder ausgezeichnet.

2002 Die Eisenbahnlinie nach Cádiz wird in den Untergrund verlegt.

2015 Eröffnung der zweiten großen Brücke Puente de la Constitución de 1812 über die Bucht von Cádiz zum Festland. Das gesamte Bauwerk misst 5 km Länge einschließlich Rampen, die eigentliche Brücke immerhin 1200 m. Es ist die längste Brücke Spaniens und die mit der drittlängsten Spannweite in Europa.

2015 Der neu gewählte Bürgermeister José María González Santos von der Plattform „Por Cádiz sí se puede“ (frei übersetzt: „Ja für Cádiz“) erklärt das Rathaus angesichts von 275 Mio. Euro Schulden für bankrott. Diese wurden durch zwei Vorgänger angehäuft, die die Stadt zwischen 1979 und 2015 insgesamt 36 Jahre lang regierten.

2018 Erstmals machen knapp über 300 Kreuzfahrtschiffe in Cádiz fest.

2019 González Santos wird erneut zum Bürgermeister gewählt, diesmal für die Partei „Adelante Cádiz“ („Vorwärts Cádiz“).

2020 Für dieses Jahr werden 322 Kreuzfahrtschiffe erwartet, doch die Corona-Pandemie lässt den Tourismus stark einbrechen.

2022 Eine Bahnlinie zum großen Nachbarort Chiclana wird im Oktober eingeweiht. Cádiz errichtet immer mehr Fahrradwege und schränkt auf einigen Straßen den Autoverkehr ein. Aktuell kann man auf einem Radweg fast die gesamte Altstadt umrunden.

042ca-sm

Kolonialmacht Spanien – die Reste eines Weltreichs

Die ersten spanischen Expansionszüge waren bescheiden. Man traute sich nicht recht vom Festland weg, weite Wege übers Meer waren tabu. Und in das Hinterland Afrikas wagte man sich ebenso wenig. Also ging es immer entlang der afrikanischen Küste. Dabei eroberten die Spanier zunächst die Kanarischen Inseln, wobei „erobern" zwar stimmt, aber die dort lebenden Guanchen konnten nur geringen Widerstand leisten. Die Portugiesen, nicht weniger expansionsfreudig, besetzten 1415 ein kleines Nest auf afrikanischem Boden namens Ceuta. 1580 fiel diese Stadt an der heutigen marokkanischen Küste an Spanien, doch so recht wusste man nicht, was man damit anfangen sollte. Also behielt man sie erst einmal. 1497 hissten die Spanier ihr Banner in einer zweiten Stadt auf afrikanischem Boden: Melilla.

Dann kam Kolumbus, der seine zweite Entdeckungsreise von Cádiz aus startete (s. S. 20). Er traute sich erstmals über das offene Meer und erreichte Nuevas Indias (Neu-Indien), wie der amerikanische Kontinent zunächst hieß, aufgrund der irrigen Annahme, in Indien gelandet zu sein. Binnen weniger Jahre hatten die Spanier beinahe den gesamten Doppelkontinent im Griff: Sie bauten ein Kolonialreich auf, das von Kalifornien und Florida bis hinunter nach Feuerland reichte. Einige karibische Inseln nahm man ebenfalls ein: Jamaika, Puerto Rico, Hispaniola (heute Haiti und Dominikanische Republik) und Cuba. Auch in Asien wurde Spanien aktiv: Um 1571 wehte die spanische Flagge über den Philippinen.

Keine Frage, die Spanier regierten tatsächlich ein Weltreich, suchten aber zuallererst nur nach Gold und Silber. Die indigene Bevölkerung Amerikas wurde durch Krankheiten, Kriege und brutale Frondienste derart rasch dezimiert, dass alsbald „Ersatz" her musste: schwarze Sklaven aus Afrika. Das konnte nicht lange gutgehen. Mit Simón Bolívar tauchte Anfang des 19. Jh. ein starker Führer auf, der die südamerikanischen Länder von der Kolonialherrschaft befreien wollte und auch konnte. Ein Land nach dem anderen erkämpfte sich die Unabhängigkeit.

Nachbauten der Schiffe, mit denen Kolumbus Amerika entdeckte, in Palos de la Frontera am Golf von Cádiz

033ca-sm

Zwischen 1811 und 1824 lösten sich die südamerikanischen Überseekolonien nach und nach vom spanischen Mutterland. 1821 erklärte sich Mexiko für unabhängig. Damit hatte das hispanoamerikanische Reich auf dem Kontinent – mit Ausnahme einiger Karibikinseln – aufgehört zu existieren. Jamaika war schon 1655 von den Briten übernommen worden und um Hispaniola stritt man sich mehrfach erfolglos mit den Franzosen. 1898 folgte ein verhängnisvoller Krieg mit den USA, als Spanien Cubas Unabhängigkeit verhindern wollte und ausgerechnet die Amerikaner das kleine Land unterstützten. Das Ergebnis: Spanien verlor den Krieg und Cuba, Puerto Rico sowie die Philippinen wurden den USA überlassen. Ein einschneidendes Ereignis, das für viele Spanier einem Schock gleichkam. Noch heute gibt es ein Sprichwort, das die Spanier zitieren, wenn jemand viel Pech hatte und getröstet werden soll: „Más se perdió en Cuba" („Noch mehr verlor man in Cuba").

Als das Weltreich nun an allen Ecken und Enden bröckelte und schließlich zusammenbrach, suchte man sein Heil wieder in Afrika. Kurzfristig standen Teile der Sahara, Spanisch-Guinea (Äquatorialguinea) und Tanger unter spanischer Hoheit. Es half aber alles nichts, Ende der 1960er-Jahre zogen die Spanier ab. Übrig geblieben sind zwei kleine Städtchen aus der Anfangszeit der Eroberung, die hartnäckig verteidigt werden: Ceuta und Melilla, nebst einer Handvoll winziger Inselchen vor Marokkos Küste. Marokko und Spanien streiten sich schon seit Jahren darum; die Spanier sollen gehen, wollen aber bleiben. Verquere Logik, denn immerhin fordert Madrid von den Briten nichts anderes, nämlich, dass sie Gibraltar endlich verlassen und den Spaniern übergeben. Schließlich liege der Felsen doch auf spanischem Territorium …

Leben in der Stadt

Cádiz ist die Hauptstadt der gleichnamigen **andalusischen Provinz.** Die Provinz Cádiz hat unter den acht andalusischen Provinzen die drittgrößte Bevölkerungszahl nach Málaga und Sevilla. Zugleich ist sie die flächenmäßig zweitkleinste Provinz, fast gleichauf mit Málaga.

Die Stadt Cádiz liegt mit rund 116.000 Einwohnern (2019) auf Platz elf in der Rangliste der größten andalusischen Städte. In Andalusien gibt es also deutlich größere Städte, die allerdings keinen Status als Provinzhauptstadt haben. Seit vielen Jahren nimmt die **Bevölkerungszahl** von Cádiz konstant ab. 1981 hatte sie ihren höchsten Stand (158.000) erreicht, von da an zogen mehr Menschen weg als zuzogen. 2005 zählte die Stadt immerhin noch 131.000 Menschen. Ein Grund für diesen **Schrumpfungsprozess** ist die allgemeine **Arbeitslosigkeit:** Cádiz hat eine der höchsten Quoten in ganz Spanien, weswegen vor allem Jugendliche ihr Glück in anderen spanischen Städten suchen. Viele Bewohner wandern auch in die umliegenden Städte ab, da aufgrund der Insellage des Stadtkerns wenig Bauland zur Verfügung steht und infolgedessen die **Immobilienpreise** hoch sind. Aus demselben Grund konnte sich auch kaum Industrie ansiedeln, es fehlte einfach an Platz. Die Fläche der Stadt, knapp 12 km², ist begrenzt und obendrein grenzt Cádiz an ein großes Naturschutzgebiet. Auch das ist ein Grund, warum in der Neustadt so konsequent **in die Höhe gebaut** wurde.

Cádiz liegt nicht nur geografisch am Rand, sondern auch in weltpolitischer Hinsicht. Große Ereignisse spielten sich meist in anderen (spanischen)

Städten ab, nur vereinzelt stand Cádiz im Fokus. Spanienweit gilt Cádiz jedoch als **Wiege der spanischen Verfassung** (s. S. 34), die hier 1812 verkündet wurde, worauf man ziemlich stolz ist und weshalb man diesem nicht unwichtigen Akt ein eigenes Museum ⓲ widmete.

Ansonsten blickten die Bewohner stets in Richtung **Atlantik,** die einen ängstlich, die anderen neugierig, denn die Stadt lebte schon immer vom und mit dem Meer. Schiffe brachten Handelsgüter und damit Wohlstand, gelegentlich kamen jedoch auch Piraten und mit ihnen Verwüstung und Tod. Dennoch blieb Cádiz immer mit dem Meer verbunden, da sich, wie bereits erläutert, keine nennenswerte Industrie entwickeln konnte. **Handel, Fischerei** und **Schiffbau** prägten die Wirtschaft der Stadt und sorgten für Arbeitsplätze, neuerdings spielt auch der **Tourismus** eine bedeutende Rolle, der ebenfalls übers Meer kommt, und zwar in Form von **Kreuzfahrtschiffen.**

Stolze Andalusierin mit mobiler „Aircondition"

Inseln prägen oft den **Charakter** eines Menschen in besonderer Weise und das trifft auch auf Cádiz zu, dessen Stadtkern noch immer an drei Seiten von Wasser umgeben und der heute offiziell eine Halbinsel ist. Die *gaditanos,* wie die Bewohner von Cádiz genannt werden, gelten als humorvoll und sind mit einem sehr eigenen Witz ausgestattet. Und sie haben einen sehr speziellen **Dialekt** kultiviert, der sich von dem auch nicht immer einfach zu verstehenden Andalusisch unterscheidet. Sprachmelodie, eigene Wortkreationen und Verkürzungen bilden ein eigentümliches Geflecht, in das man sich erst einmal hineinhören muss, um die Menschen in *Cai* zu verstehen, wie der Stadtname umgangssprachlich abgekürzt wird.

Cádiz besitzt seit 1972 eine **Universität** mit rund 18.000 Studenten, die aber teilweise in Außenstellen (u. a. Jerez de la Frontera) forschen und lernen, denn auch hier wirkt sich der Platzmangel aus. Wer Arbeit und eine bezahlbare Wohnung in Cádiz gefunden hat, der weiß das Leben hier aber zu genießen. Die Strände sind sehr nah, die Sonne scheint fast das ganze Jahr über und das **Klima** ist wegen der kühlenden Meeresnähe und des Windes generell angenehmer als auf dem andalusischen Festland. Nur wenn der Wind aus dem Inland bläst und heiße Luft nach Cádiz schickt, wird es heiß.

Die Menschen wissen die Vorteile eines Lebens am Meer zu schätzen, genau wie das **gastronomische Angebot**, das stark von Fisch und Meeresfrüchten geprägt ist. Sehr beliebt sind in Cádiz die **Freidurías** (s. S. 79), „Frittierstuben", in denen Fisch frittiert und in Papiertüten verkauft wird: ganz unprätentiös, einfach und nachbarschaftlich – so schätzen es die Bewohner. Sie mögen es gesellig, plaudernd, lachend und genießend. Die *gaditanos* zeichnen sich durch Lebensfreude und Wortwitz aus – und sie genießen ihre privilegierte Insellage. Sie treffen sich gern in den Bars der Altstadt oder an den Stränden der Neustadt.

Zum **Karneval** explodiert in der Stadt regelmäßig die Lust am Leben, am Feiern und am Spottgesang (s. S. 91). Der Karneval in Cádiz ist durch thematisch verkleidete Musikgruppen geprägt, die in den Straßen singen und die Menschen unterhalten. Und das tun sie mit solcher Freude, dass am Aschermittwoch noch längst nicht Schluss ist, sondern einfach bis zum folgenden Sonntag weitergefeiert wird. Dann endlich verabschiedet sich der feierwütige *Don Carnal* („Herr Karneval") und *Doña Cuaresma* („Frau Fastenzeit") übernimmt das Zepter mit ihrer Askese. Tatsächlich wird der Karneval nirgendwo in Spanien so ausgiebig und intensiv gefeiert wie in Cádiz (höchstens noch auf Teneriffa, so heißt es jedenfalls). Im religiösen Kalender ist Karneval zwar nicht das wichtigste Fest, überstrahlt aber alle anderen Feierlichkeiten wie die Osterprozession oder Patronatsfeste, die mit angemessener Würde und Ernsthaftigkeit begangen werden.

Der Hafen von Cádiz im Wandel von 3000 Jahren

Was wäre Cádiz ohne seinen Hafen? Gäbe es die Stadt überhaupt? Ohne ihren Ankerplatz jedenfalls ist sie heute undenkbar. Der Hafen und seine Bedeutung hat sich jedoch im Laufe der Jahre gewandelt.

In der Vergangenheit kam viel Gutes über das Meer, aber auch so einiges Unheil, etwa Piraten oder Spaniens Diktator Franco. Zunächst kamen allerdings die **Phönizier**, geschickte Seefahrer und versierte Händler. Sie gründeten um 1104 v. Chr. eine Siedlung auf einer Insel in Sichtweite zur Küste und nannten sie **Gadir.** So jedenfalls erzählt es die Stadthistorie, wenngleich das Datum nicht exakt belegt ist. Die Phönizier erkannten die strategisch günstige Lage zu den nahen Silberminen des legendären Reiches **Tartessos** am Mündungsgebiet des Flusses **Guadalquivir** und siedelten auf dieser unscheinbaren, kleinen Insel, aus der später die Stadt Cádiz werden sollte. Um 500 v. Chr. lösten die **Karthager** die Phönizier ab, die den Hafen, ebenso wie ihre Vorgänger, als Umschlagplatz für Waren nutzten. Der Ort und sein Hafen wurden aber auch als Ausgangspunkt für Kriegszüge genutzt, beispielsweise von dem Feldherrn Hamilkar Barkas und dessen Sohn, dem berühmten Hannibal. Ab ca. 200 v. Chr. lösten die **Römer** die geschwächten Karthager ab und nannten den Ort nun **Gades.** Auch für sie war der Hafen von großem Nutzen. So berichtet der Geschichtsschreiber Strabon, dass 49 v. Chr. im **Portus Gaditanus** auf einer Werft Schiffe gebaut wurden, die im Rahmen eines innerrömischen Konflikt zwischen Julius Cäsar und Pompeius eingesetzt wurden. Nach dem Zusammenbruch des Römischen Reiches verschwand der Hafen zunächst aus dem geschichtlichen Fokus.

Im Jahr 711 überquerten islamische **Mauren** von Marokko kommend die Meerenge bei Gibraltar und eroberten blitzartig fast ganz Spanien sowie den Süden Frankreichs, Cádiz nahm man quasi „im Vorbeigehen" ein. Dieser Vormarsch endete erst 722 in den asturischen Bergen Nordspaniens. Dort, so heißt es noch heute in der spanischen Geschichtsschreibung, begann die *Reconquista,* die christliche **Rückeroberung.** Währenddessen geriet der Hafen von Cádiz erneut in Vergessenheit, von großen Handelsaktivitäten übers Meer ist nichts bekannt. Nur ein Datum ist überliefert: 844 kamen die **Wikinger** und plünderten den Ort.

550 Jahre später: Mittlerweile war die Wiedereroberung schon weit fortgeschritten, die christlichen Heere näherten sich Andalusien. Es war ein langes und mühsames Ringen um jede einzelne Stadt. 1262 eroberte Kastiliens König **Alfonso X.** Cádiz, die muslimischen Herrscher mussten flüchten, aber sie hielten sich noch bis 1492 in Spanien, als deren letzte Festung in Granada in christliche Hände fiel. Schon 1483, als sich der Sieg abzeichnete, planten die spanischen Könige neue Unternehmungen für all jene Ritter und Soldaten, die gekämpft hatten und weiter beschäftigt werden mussten. So wurde bei Cádiz ein **Stützpunkt** etabliert, von dem aus Entdecker entlang der afrikanischen Küste einen **Seeweg nach Indien** zu den Gewürzen und Reichtümern des Ostens finden sollten. Die Spanier waren ein wenig spät dran, denn die Portugiesen hatten schon ein paar Jahre früher damit begonnen, die Küste Afrikas systematisch zu erforschen. 1488 umrundete Bar-

tolomeu Dias das Kap der Guten Hoffnung, Vasco da Gama erreichte Indien 1498 auf dem Seeweg.

Christoph Kolumbus (s. S. 20) schlug dem spanischen Königshaus vor, auf der Westroute einen Seeweg nach Indien zu suchen statt auf dem langen, nach Süden führenden Weg um Afrika herum. Er war sicher, dass „sein" Weg kürzer sei. Erst wollten Isabella von Kastilien und Ferdinand von Aragón nicht so recht, doch dann schickten sie ihn 1492 doch noch los. Seine zweite Reise trat er sogar vom Hafen von Cádiz aus an. Den Seeweg nach Indien fand Kolumbus nicht, aber dafür einen neuen Kontinent – allerdings wusste er dies zeitlebens nicht. Diese Erkenntnis ist **Amerigo Vespucci** zu verdanken, einem Zeitgenossen von Kolumbus, der ebenfalls Entdeckungsfahrten von Cádiz aus unternahm. Er nutzte zum ersten Mal den Begriff *Mundus Novus* („Neue Welt") und wurde später der Namensgeber des amerikanischen Kontinents.

055ca-sm

Auf Kolumbus und Vespucci folgten zahlreiche skrupellose Glücksritter, alle auf der Suche nach Reichtümern. **Hernando Cortés** entdeckte das Gold der Azteken in Mexiko und **Francisco Pizarro** die Silberminen im Inkareich des heutigen Peru. Diese Schätze sollten nach Spanien fließen und nun kam wieder der Hafen von Cádiz ins Spiel, denn hier landeten die Schiffe an.

Der neue Reichtum lockte sogleich **Freibeuter** an: Cádiz wurde mehrfach angegriffen und 1587 von einer Flotte unter dem Engländer Francis Drake geplündert. 1596 wurde Cádiz erneut komplett zerstört, wieder waren die Engländer beteiligt. Bereits 1503 hatte der spanische König festgelegt, dass sämtlicher Handelsverkehr ausschließlich über den **Hafen von Sevilla** laufen dürfe, **Cádiz** war nur als **Ausweichhafen** vorgesehen. Sevilla liegt allerdings 80 km im Inland und die Schiffe mussten erst den Fluss Río Guadalquivir befahren. Dort waren sie zwar sicherer als direkt vor der Küste, aber die Fahrt war auch mühsamer und für große Schiffe kaum zu schaffen.

So wurde ab 1613 ein Teil der Kolonialhandelsgüter wieder über Cádiz verschifft, ab 1627 wurden hier militärische Geleitschiffe gebaut. Durch die Verlandung des Flusses nach Sevilla verschob sich der Handel wieder mehr nach Cádiz, 1717 wurde das **Handelsmonopol** offiziell nach Cádiz verlegt. Das waren **goldene Jahre** für die Stadt! Händler wurden reich, viele Menschen fanden Arbeit, Cádiz prosperierte. Im Jahr 1765 wurde das Monopol jedoch gelockert und 1778 endgültig aufgehoben – nun

◁ *Ein Kreuzfahrtschiff liegt im Hafen vor Anker, sehr nah an der City*

durften auch andere spanische Häfen angefahren werden. Und auch die politische Großwetterlage drehte sich: Im 19. Jh. lösten sich die **Kolonien** (s. S. 102) von Spanien und erklärten sich für **unabhängig.** Als Cuba 1898 als letzte Überseekolonie die Spanier verjagte, hatte Spanien aufgehört, ein Weltreich zu sein. Das bekam auch der Hafen von Cádiz zu spüren, die Handelsrouten änderten sich. Neue Lösungen mussten gefunden werden.

Im Jahr 1917 wurde in die spanische **Fährgesellschaft Trasmediterránea** gegründet, die den gesamten Fährbetrieb im Land organisieren sollte. Seither pendelt regelmäßig eine Fähre vom Hafen von Cádiz zu den **Kanarischen Inseln.** Vorher hatten Schiffe nach Übersee dort lediglich Stopps eingelegt, aber im Zuge des sich entwickelnden **europäischen Tourismus** sah man die Notwendigkeit einer verbesserten und vor allem verlässlichen Schiffsverbindung. Vor dem Jumbo-Zeitalter in der Luftfahrt war die Anreise per Fähre üblich, heute spielt diese Variante nur noch für Lkws und so manchen Nostalgiker eine Rolle.

Bis heute wird Handel über den Hafen von Cádiz betrieben, aber seit Anfang des 21. Jh. hat sich eine neue Einnahmequelle ergeben: **Kreuzfahrtschiffe.** Zuerst war die Entwicklung etwas zögerlich, aber zuletzt nahm sie deutlich Fahrt auf. 2018 wurde erstmal die Grenze von 300 Ankünften pro Jahr überschritten, für 2020 hatte man 322 Passagierschiffe erwartet, aber dann kam **Corona.** Nach zwei Jahren Pandemie und der Stilllegung vieler Kreuzfahrtschiffe nahmen diese 2022 wieder ihren Betrieb auf.

Bis zu **fünf Ozeanriesen** können gleichzeitig im Hafen ankern, was aber die absolute Ausnahme ist. Zwei oder drei sind hingegen keine Seltenheit. Dann strömen **Tausende Tagestouristen** an Land, freuen sich über ausgesprochen kurze Wege in die Altstadt und geben hier viel Geld aus. Oder sie steigen in einen Ausflugsbus, der gleich am Pier vor dem Schiff wartet, und reisen weiter nach Sevilla, Córdoba und Jerez oder in die weißen Dörfer im Hinterland. Am Abend begeben sich alle wieder an Bord. Das Schiff tutet zwei- bis dreimal durchdringend und legt ab. Am nächsten Morgen kommt ein neues.

Und genau da liegt der **Streitpunkt.** Die vielen Kurzzeittouristen bringen zwar Geld in die Stadt, aber auch Müll und Unruhe. Und wenn Tausende Besucher für einige Stunden durch die engen Gassen ziehen, dann wird es dort sehr voll. Das stört selbst die gutmütigsten Bewohner. Will man das alles? Die Sache ist verzwickt, es gibt keine einfache Lösung. Bislang jedenfalls erduldet die Stadt die mit den Tagestouristen verbundenen Probleme ganz stoisch – wie sie schon seit jeher die Besucher ertragen hat, die übers Meer nach Cádiz kamen.

PRAKTISCHE REISETIPPS

057ca-sm

An- und Rückreise

Per Flugzeug

Flughafen Jerez de la Frontera

Der nächstgelegene Flugplatz befindet sich im 35 km nordöstlich von Cádiz gelegenen **Jerez de la Frontera (XRY)**. Der **Aeropuerto de Jerez**, so der offizieller Name, liegt etwa 10 km nördlich dieser Stadt. Der Flugplatz wird zumindest saisonal auch von größeren Gesellschaften angeflogen, die aber nicht alle das ganze Jahr über Flüge im Programm haben. Einige der Flüge beinhalten einen **Zwischenstopp in Madrid**, teilweise gibt es aber auch Nonstop-Flüge, z. B. ab Frankfurt am Main.

› **Infos zum Flughafen:** www.aena.es/de/jerez.html

Eine **Taxifahrt** vom Flughafen ins Zentrum von Cádiz kostet ca. 60 €. Vom Flugplatz bestehen direkte Bus- und Zugverbindungen nach Cádiz, die aber leider nicht sehr häufig angeboten werden. Insgesamt vier **Buslinien** (M-050, M-051, M-052, M-053) gibt es, die jedoch jeweils nur ein einziges Mal pro Tag fahren, also kaum in Frage kommen.

Per **Bahn** gibt es zwei Möglichkeiten: Zum einen verkehren **Nahverkehrszüge** der **Cercanías** direkt vom Flugplatz nach Cádiz, allerdings nur dreimal am Tag (grob morgens, mittags und abends), die Fahrzeit beträgt 55 Min. Umgekehrt fahren ebenfalls dreimal am Tag Züge von Cádiz zum Flugplatz.

Zum anderen gibt es **Züge aus Sevilla**, die am Flughafen halten und bis Cádiz fahren, allerdings legen nicht alle einen Stopp am Flughafen ein. Sie verkehren etwa alle 2 Std., die Fahrzeit beträgt 47 Min. Für die meisten dieser Züge werden in Spanien nur **Tickets mit Platzreservierung** verkauft (es gibt nur wenige Ausnahmen). Ist ein Zug ausverkauft, kann man nicht einfach stehend mitfahren, sondern muss einen späteren nehmen, was an Wochenenden oder vor Feiertagen schon mal passieren kann. Die Reservierungspflicht gilt nicht in den Cercanías-Zügen, die eher mit einer S-Bahn vergleichbar sind.

Beide Zugtypen fahren bis zum zentralen **Bahnhof von Cádiz (Estación de Cádiz)** [K4], der unweit des Stadttors Puerta de la Tierra ❶ liegt, also direkt am östlichen Rand der Altstadt. Von dort gelangt man bequem zu Fuß in ca. 10 Min. ins Zentrum der Altstadt.

› **Infos zu Bussen:** https://siu.cmtbc.es/en/index.php

› **Infos zu Cercanías-Zügen:** www.renfe.com/es/en/suburban/suburban-cadiz, https://siu.cmtbc.es/en/horarios_lineas_tabla.php?from=1&linea=158

› **Infos zu sonstigen Zügen:** www.renfe.com/es/en/viajar/prepare-your-trip (Suche nach „Jerez Aeropuerto“, nicht „Jerez de la Frontera“)

Flughafen Sevilla

Eine weitere Anreisemöglichkeit führt über den **Flughafen von Sevilla (SVQ)** 134 km nördlich von Cádiz. Hier landen nicht nur viele internationale Fluglinien, sondern auch spanische, sodass die Auswahl größer ist als beim Flugplatz Jerez de la Frontera. Der **Aeropuerto de Sevilla** (auch Aeropuerto de San Pablo) liegt etwa 10 km nordöstlich vom Stadtzentrum.

› **Infos zum Flughafen:** www.aena.es/en/sevilla.html

◁ Vorseite: Experten der Touristeninformation (s. S. 116) geben Tipps

062ca-sm

Wer nicht mit einem **Mietwagen** nach Cádiz weiterreisen möchte, sollte die **Bahn** nehmen, die grob einmal pro Stunde vom Bahnhof Sevilla, der **Estación de Santa Justa**, direkt nach Cádiz fährt (Fahrzeit: 1 Std. 40 Min.). Tickets kann man vorab online über die Website www.renfe.com kaufen, ansonsten direkt im Bahnhof am Schalter.

Der Bahnhof in Sevilla kann vom Flugplatz gut mit dem Bus der Linie **EA (Especial Aeropuerto)** erreicht werden (Ticketpreis: 4 €). Dieser Bus verkehrt zwischen 5.20 und 1.15 Uhr alle 25–30 Min. Die Tickets kauft man direkt im Bus.

› **Infos zur Linie EA:** www.visitasevilla.es/sites/default/files/inline-files/AEROPUERTO_SEVILLA_BUS_TAXI.pdf

Per Auto

Die Anreise per Auto nach Cádiz ist grundsätzlich unproblematisch, da die Strecke **gut ausgeschildert** ist. Von **Sevilla** führen zwei Autobahnen nach Süden in Richtung Cádiz: Die **AP-4** ist mautpflichtig, die **A-4** nicht und deshalb stärker befahren. Beide haben ab Puerto Real eine Verbindung zur Schnellstraße **CA-35**, die über die letzten Kilometer nach Cádiz hineinführt.

Vom südlichen Küstenabschnitt der **Costa de la Luz** führt die Autobahn **A-48** etwa ab Vejer de la Frontera bis kurz vor Cádiz und fädelt sich dort in die Schnellstraße **CA-33** ein, die in die Stadt führt. Die Zufahrt erfolgt über die Landenge, den *istmo,* und führt dann über 4 bis 5 km durch das moderne Cádiz immer geradeaus bis zum Stadttor Puerta de la Tierra. Dahinter erstreckt sich die Altstadt, Autofahrer sollten sich in der Nähe des Stadttors einen Parkplatz suchen (Details s. S. 113).

Eine Anreise vom westlichen Abschnitt der Costa de la Luz nach Cádiz ist nur über einen Umweg via Sevilla möglich, da es keine Straße durch das **Naturschutzgebiet Coto Doñana** gibt, das wie ein Keil an der Küste liegt.

Per Zug oder Bus

Der zentrale **Bahnhof von Cádiz** [K4] liegt altstadtnah beim Stadttor. Es gibt Verbindungen von bzw. nach Sevilla (näher beschrieben auf S. 110) und Córdoba sowie einige wenige

⌃ *Über die Puente de la Constitución de 1812 [c-df] rollt heute der meiste Verkehr nach Cádiz*

Züge direkt aus bzw. nach Madrid. Sogar eine elfstündige Fahrt von Barcelona ist möglich. Züge von der südlichen Atlantikküste gibt es nicht.

Direkt neben dem Bahnhof liegt der zentrale **Busbahnhof (Estación de Autobuses de Cádiz)**, an dem Busse aus Madrid, Sevilla und von der Küste (Conil, Tarifa u. a.) halten.

- **Infos zu Zügen:** www.renfe.es
- **Infos zu Bussen:** www.estacionautobusescadiz.es

Per Schiff

Diese Anreisemöglichkeit wird immer beliebter. Praktisch täglich machen riesige **Kreuzfahrtschiffe** im **Hafen von Cádiz** [J3] fest, und zwar direkt östlich der Altstadt. Ein Anleger befindet sich unmittelbar gegenüber der **Plaza de San Juan de Dios** 7. Die Passagiere gehen von Bord, überqueren eine breite Straße und sind schon mitten in der Stadt. Sollten einmal mehrere Kreuzfahrtschiffe gleichzeitig ankommen, kann es sein, dass eines der Schiffe etwas abseits festmachen muss, aber die Wege in die City bleiben gleichwohl überschaubar.

Autofahren

Die Zufahrtsstraßen nach Cádiz sind **gut ausgebaut** und problemlos befahrbar. Wer von außerhalb kommt, wird eine **gute Beschilderung** ins Zentrum vorfinden. Die **Altstadt** aber sollten Autofahrer meiden: Einige Altstadtbereiche sind ohnehin für den Verkehr gesperrt, anderswo sind die **Gassen** derart **schmal**, dass man kaum glauben mag, dass dort ein Kleinwagen durchpassen könnte. Obendrein kann man nur selten am Straßenrand parken. Entweder sind die Gassen ohnehin zu schmal oder es stehen seitlich überall Poller, die dies verhindern sollen. Einigermaßen gut befahren lassen sich die um die Altstadt verlaufende **Ringstraße** und einige Straßen im westlichen Altstadtbereich, aber auch da bleibt die Parkplatz-Problematik.

Wohmobilfahrer sollten die Altstadt großzügig umfahren, für sie eignet sich der Parkplatz Campo de las Balas (s. S. 113).

Da alle Attraktionen zentral im Altstadtkern liegen, lohnt sich ein **Mietwagen** speziell für Cádiz nicht. Ausflugsziele außerhalb von Cádiz (s. S. 54) lassen sich auch sehr gut mit den öffentlichen Verkehrsmitteln erreichen.

⊡ *Tagesausflügler reisen mit dem Zug nach Jerez de la Frontera (s. S. 69)*

058ca-sm

Parkplätze

Entlang der **Ringstraße** gibt es einige Parkhäuser, deren **Kosten** bei 2,10–2,50 € pro Stunde bzw. knapp 15 € für 24 Std. liegen. Wer mit dem eigenen Auto nach Cádiz kommt, sollte sich kurz nach Passieren des **Stadttors Puerta de la Tierra** 1 einen Parkplatz suchen und dann zu Fuß in die Altstadt gehen: Rechts vor dem Bahnhof liegt der Parkplatz Saba Estación de Tren Cádiz (mäßig ausgeschildert), ein Stück weiter das unterirdische Parkhaus Paseo de Canalejas unterhalb des begrünten Platzes auf der linken Straßenseite (ausgeschildert).

P81 [G4] **Parkhaus Avenida Campo del Sur,** Av. Campo del Sur s/n. Hinter der Kathedrale 13 an der Umgehungsstraße liegt ein unterirdisches Parkhaus mit 368 Plätzen. Dieses Parkhaus ist sehr zentral, aber etwas teurer als die anderen.

P82 [H3] **Parkhaus Paseo de Canalejas,** Av. del Puerto 1, ca. 300 m nach Passieren des Stadttors beim Hafen, unterirdisch mit 599 Plätzen

P83 [E1] **Parkhaus Santa Barbara,** Av. Dr. Gómez Ulla 13, P° de Santa Bárbara s/n. Auf der westlichen Seite der Altstadt, beim Parque Genovés 25, findet sich dieses unterirdische Parkhaus mit 800 Plätzen.

P84 [D2] **Parkplatz Campo de las Balas,** c/ Campo de las Balas 5. Zwischen dem Hotel Parador de Cádiz und der Festung Castillo de Santa Catalina 24 befindet sich ein oberirdischer Parkplatz mit Meerblick. Womos dürfen hier ebenfalls stehen, allerdings gibt es keine Sanitäranlagen.

P85 [J4] **Parkplatz Saba Estación de Tren Cádiz,** Plaza de Sevilla s/n. Vor dem Bahnhof sind oberirdische Parkplätze zu finden.

Abweichende Verkehrsregeln

- Es gilt ein **Überholverbot** 100 Meter vor Hügelkuppen und auf Straßen, die nicht mindestens 200 Meter weit zu überblicken sind.
- Auf beleuchteten Straßen, außer Autobahnen und Kraftfahrstraßen, darf man nur mit **Standlicht** fahren.
- An größeren Kreuzungen hat man auf Ampeln verzichtet und stattdessen einen geräumigen **Kreisverkehr** angelegt.
- **Bandas sonoras** bedeutet, dass zwei quer über die Straße gelegte Schwellen kommen. Wer hier nicht die Geschwindigkeit reduziert, kracht so richtig schön darüber.
- **Cambio de sentido** besagt, dass man hier die Richtung wechseln kann, also einen U-Turn, wie es so schön neudeutsch heißt, fahren darf. Es steht aber auch für „Abfahrt" mit anschließender Möglichkeit, die Fahrtrichtung zu wechseln.
- Speziell auf Überlandstraßen muss der **Linksabbieger** oftmals **zuerst nach rechts** auf eine besondere Spur schwenken, die einen Halbkreis beschreibt, und dann die eben verlassene Straße kreuzen. Dadurch werden Staus vermieden. Ähnlich verhält es sich an Stellen, an denen man sich in den Verkehr einfädeln will. Biegt man an einer Kreuzung nach links ab, befindet man sich manchmal noch nicht gleich auf der eigentlichen Straße, sondern erst auf einer Art **Einfädelungsspur,** die links neben der Straße verläuft. Ungewohnt, aber durchaus sinnvoll.
- Das **Abschleppen** durch Privatfahrzeuge ist in Spanien verboten.
- In etlichen kleineren Orten sind **flexible Ampeln** zu finden. Diese hängen unübersehbar gelb blinkend hoch oben über der Zufahrtsstraße. Rauscht nun ein Pkw mit überhöhter Geschwindigkeit heran, springt die Ampel auf Rot. „50 km/h,

059ca-hj

a más velocidad semáforo cerrado", („50 km/h, bei schnellerer Geschwindigkeit springt Ampel um"), so steht es dazu auf kleinen Schildern.

- In Spanien gilt die **0,5-Promille-Grenze.** Wer mit mehr Alkohol im Blut erwischt wird, muss mit bis zu 600 € Strafe rechnen.
- Eine ähnlich hohe Summe soll zahlen, wer fahrend mit einem **Handy** am Ohr erwischt wird. Erlaubt ist das Telefonieren am Steuer nur über eine Freisprechanlage.
- Auch die **Geschwindigkeit** wird teils streng kontrolliert. Höchstgeschwindigkeiten: in Orten 50 km/h, auf Landstraßen mit zwei Fahrspuren 90 km/h, mit drei Fahrspuren 100 km/h, auf Autobahnen: 120 km/h. **Aber Achtung:** Innerorts gilt Tempo 30 auf Straßen mit jeweils einer Fahrbahn und auf Straßen, die keinen Bordstein haben und somit höhengleich zum Fußweg liegen, sogar nur Tempo 20.
- Bei einer Panne oder einem Unfall auf einer Autobahn oder Landstraße müssen Fahrer, die das Auto verlassen, eine **reflektierende Weste** anziehen, die in allen Autos vorhanden sein muss.
- In Spanien müssen in allen Autos **zwei Warndreiecke** mitgeführt werden. Zumindest gilt dies für in Spanien zugelassene Autos, also auch für Mietwagen. Für im Ausland zugelassene Autos gelten abweichende Regeln, wenn das jeweilige nationale Recht nur ein Warndreieck vorsieht.
- Beim **Parken** muss man die farbigen Markierungen am Parkplatz oder am Straßenrand beachten: Mit **blauen Linien** gekennzeichnete Parkplätze sind gebührenpflichtig. Also nicht einfach forsch rein in eine Parklücke und verschwinden, sondern erst einmal den Parkscheinautomaten suchen und ein Ticket ziehen. Bei **gelben Bordsteinmarkierungen** heißt es aufpassen, hier herrscht absolutes Parkverbot! Und bei **grünen Linien** ist der Parkplatz für Anwohner reserviert.
- **Abgeschleppt, was nun?** An der Stelle, wo das Auto ursprünglich stand, prangt ein **Aufkleber** in Form eines Dreiecks mit einer **Telefonnummer.** Diese muss man anrufen und erfragen, wo der Wagen steht, und dann mit Ausweis und Autopapieren hinfahren, Strafe und *depósito,* also die Kosten für die Aufbewahrung, bezahlen und den Wagen auslösen. Das kann aber teuer werden, vor allem, wenn man sich Zeit lässt, denn die Aufbewahrungskosten steigen pro Tag.

Barrierefreies Reisen

Ganz einfach ist ein Besuch in Cádiz für Menschen mit einer Gehbehinderung nicht, aber er ist auch nicht unmöglich. Unbestritten hat sich in der Stadt bereits eine ganze Menge getan. Selbst durch die **Altstadt** können Rollstuhlfahrer heute fahren, unüberwindbare Treppen oder zu steile Straßen findet man kaum noch. Das Bewusstsein hat deutlich zugenommen und Spanier gehen generell ziemlich rücksichtsvoll mit Menschen um, die Hilfe benötigen.

Ähnlich verhält es sich mit modernen oder neu gestalteten **Museen.** Überall wurden Rampen verlegt, breite Fahrstühle eingebaut und ganz allgemein hat man auf barrierefreie Zugänge geachtet. Das gilt glücklicherweise für viele Einrichtungen wie **Kirchen** oder andere ältere Gebäude, aber leider noch nicht durchgängig für alle.

Auch die **öffentlichen Verkehrsmittel** können in den meisten Fällen genutzt werden. Beispielsweise hat eine große Zahl von Bussen Rampen und die Stationen werden angesagt. Ampeln senden akustische Signale.

Zudem liegen die meisten **Bars und Restaurants** ebenerdig und sowieso gibt es in der Altstadt kaum ein Lokal, das nicht eine Terrasse hat – ideal für Rollstuhlfahrer.

⊠ In manchen Straßen in Cádiz ist nur Tempo 20 erlaubt – darauf weisen Straßenmarkierungen hin

Diplomatische Vertretungen

In Cádiz selbst gibt es keine diplomatischen Vertretungen. Die nächstgelegene deutsche Vertretung mit konsularischen Dienstleistungen ist in Málaga. Ansonsten wendet man sich an die Botschaften in Madrid.

- **Consulado de la República Federal de Alemania,** c/ Mauricio Moro Pareto, 2-5°, Edificio Eurocom Sur, 29006 Málaga, Tel. +34 952363958 (Mo-Do 8-13 u. 14.30-16, Fr. 8-13 Uhr), www.malaga.diplo.de
- **Embajada de Austria,** Paseo de la Castellana 91/9°, 28046 Madrid, Tel. +34 915565315, www.bmeia.gv.at/oeb-madrid
- **Embajada de Suiza,** c/ Núñez de Balboa 35A, 7°, Edificio Goya, 28001 Madrid, Tel. +34 914363960, www.eda.admin.ch/madrid

Geldfragen

Zahlungsmittel

Überall in der Stadt finden sich **Geldautomaten,** an denen man mit der **Girocard, Debit-** oder **Kreditkarte** Bargeld ziehen kann. Viele Geldautomaten sind außerhalb einer Bank direkt an der Straße angebracht, sicherer aber ist das Geldabheben an Automaten im Vorraum einer Bank.

Mittlerweile kann man in Spanien fast überall **bargeldlos** zahlen, auch geringe Beträge, selbst in kleinen Läden, Bars und Cafés oder an Kiosken sowie beim Ticketkauf am Bahnhof. Das kontaktlose Bezahlen mit der **Kreditkarte** funktioniert in der Regel reibungslos, mit der **Girocard** kann es manchmal Probleme geben.

Preisniveau

Spanien ist schon lange kein Billigreiseland mehr. In Andalusien und besonders im bislang noch nicht vom Tourismus dominierten Cádiz werden Besucher jedoch sowohl in der **Gastronomie** als auch beim **Transport** (Taxi, Bus, Bahn) ein günstigeres Preisniveau vorfinden als anderswo im Land, ebenso auf **Märkten.** Da viele Attraktionen zu Fuß erreicht werden können, entfallen meist Taxi- oder Buskosten, aber diese sind in Spanien generell nicht hoch.

In der Hotellerie sieht es allerdings etwas anders aus – gute Hotels haben auch in Cádiz ihren Preis. Im Zentrum sind die **Unterkunftspreise** naturgemäß eine Spur höher als in den Randgebieten, dennoch sind Hotels in der Altstadt vorzuziehen. Hotelzimmer kosten ab 70 € aufwärts, mit etwas Komfort erreicht man rasch die 100-Euro-Grenze. Es ist gut zu wissen, dass viele Hotels in der heißesten Zeit im Juli und August die Zimmerpreise deutlich (!) senken. Zwar ist es dann wirklich sehr heiß in der Stadt, aber wer diese Temperaturen erträgt, spart auch in guten Hotels viel Geld. Umgekehrt gilt jedoch auch, dass die Zimmerpreise zur Zeit des Karnevals (s. S. 91), zur Osterwoche (s. S. 93) und während des Motorradrennens in Jerez de la Frontera (s. S. 94) sehr stark ansteigen.

Es ist wichtig zu wissen, dass es in Spanien in einem **Lokal** oft **drei Preise** gibt: Am günstigsten ist es, sein Getränk oder seine Mahlzeit am Tresen zu verzehren. Wer sich an einen Tisch setzt, zahlt mehr, da man ja vom Servicepersonal bedient wird. Am teuersten ist der Platz draußen auf einer Terrasse. Ein **Mittagessen** bekommt man bereits für 10 bis 15 €, ein Zwischendurchdrink in einer Bar ist immer erschwinglich, ebenso ein Sandwich o. Ä. Ein warmes **Abendessen** in einem Restaurant kostet zwischen 20 und 40 €.

Cádiz preiswert

- Generell lässt sich bei einem Restaurantbesuch mittags oft Geld sparen, denn viele Lokale bieten ein günstiges **„Menú del día“** (**„Tagesmenü“**) an.
- Die meisten **Kirchen** lassen sich gratis besichtigen, leider nicht die Kathedrale 13 und auch nicht das Oratorio de la Santa Cueva 34. Die Kirche Oratorio de San Felipe Neri 19 kann sonntags kostenfrei besichtigt werden.
- Drei **Museen** können ohne Eintritt besucht werden: das Teatro Romano 9 mit seiner Ausstellung zur römischen Geschichte in Cádiz, das Museo de las Cortes de Cádiz 18, das einen Überblick zur ersten spanischen Verfassung liefert, und das große Museo de Cádiz 30 – Letzteres gewährt EU-Bürgern kostenlosen Eintritt.

Informationsquellen

Infostelle in der Stadt

86 [H3] **Centro de Recepción de Turistas,** P° de Canalejas s/n, Tel. +34 956285601, geöffnet: im Sommer Mo–Fr 8.30–18.30 Uhr, sonst Mo–Fr 9–19 Uhr, ganzjährig Sa/So/an Feiertagen 9–17 Uhr. Zentral gelegenes Hauptbüro der **Touristeninformation** mit vielfältigen Broschüren, Flyern, Stadtplan und Terminübersichten sowie Auskünften zu allen touristischen Fragen.

Cádiz im Internet

- **www.cadizturismo.com/de:** offizielle, auch deutschsprachige Internetpräsenz des Tourismusverbands mit Infos zu Attraktionen, Veranstaltungen, Stränden und Gastronomie, ebenfalls zu den Nachbarstädten
- **www.andalucia.org/de:** offizielle Internetseite der Region mit Reisetipps für ganz Andalusien, ebenso für Cádiz und die umliegenden Orte, auch auf Deutsch
- **https://turismo.cadiz.es/en:** Die Website der Stadtverwaltung hält unter dem Menüpunkt „Turismo" praktische Tipps für Reisende bereit, u. a. zu Buslinien, Gastronomie, Museen und Festen, teilweise auf Englisch.
- **www.spain.info/de:** Die Website des spanischen Fremdenverkehrsamts bietet gute Infos zu ganz Spanien, auch zu Andalusien und Cádiz, ebenfalls auf Deutsch.

Medien und Publikationen

- **Diario de Cádiz** (www.diariodecadiz.es): Die Lokalzeitung – sowohl als Printausgabe als auch online verfügbar – bietet neben lokalen Nachrichten über die Stadt und die Provinz Cádiz auch einen ausführlichen Veranstaltungsteil.
- **La Voz de Cádiz** („Die Stimme von Cádiz", www.lavozdigital.es): Die Digitalzeitung liefert Informationen zu Cádiz und nationale sowie internationale News.
- **Diario de Bahía de Cádiz** (www.diariobahiadecadiz.com/noticias): reine Digitalzeitung mit Neuigkeiten aus der Stadt und der Umgebung von Cádiz

Smartphone-Apps

- **App Oficial Turismo de Cádiz:** offizielle App des Tourismusverbands von Cádiz mit geolokalisierten Infos zu Attraktionen, Gastronomie, Unterkünften und Veranstaltungen. Dazu werden Erkundungsrouten je nach persönlichem Interesse vorgeschlagen. Die App ist teilweise auf Deutsch (kostenlos für Android und iOS).
- **Bus Cádiz:** Informationen über den innerstädtischen Busverkehr in Cádiz mit geolokalisierten Kartenansichten, allerdings nur auf Spanisch (kostenlos für Android und iOS)
- **Carnaval de Cádiz:** teilweise auf Englisch vorliegende App, die Infos zu einzelnen Bruderschaften des Karnevals (s. S. 91) liefert und den Zeitplan sowie die Strecke der Umzüge anzeigt (kostenlos für Android und iOS)
- **Consorcio Cádiz bus tren barco:** Die App bietet nützliche Infos zu den öffentlichen Verkehrsmitteln im Großraum Cádiz, darunter auch Verbindungen nach Jerez de la Frontera und El Puerto de Santa María inklusive der Fähre. Die App gibt es auch in einer englischen Sprachversion (kostenlos für Android und iOS).

Meine Literaturtipps

- Ali, Tariq: **„Im Schatten des Granatapfelbaums"**, Heyne, 1994. Vor dem Hintergrund der Vertreibung der Mauren wird in diesem spannenden Buch ein Familienschicksal erzählt. Der Roman liefert fundierte Einblicke in den Lebensalltag im südlichen Spanien vor 500 Jahren, in einer Epoche, als die Intoleranz immer stärker zunahm und viele Opfer forderte.
- Clot, André: **„Das maurische Spanien"**, Albatros, 2010. Der französische Historiker gibt einen gut zu lesenden Überblick mit vielen aufschlussreichen Informationen zur 800-jährigen islamischen Geschichte und Kultur auf der Iberischen Halbinsel.

Internet

Die allermeisten Tapasbars, Freidurías und einfachen Restaurants bieten kein **WLAN** an, in den Hotels gehört es hingegen zum Standard.

Die Stadt Cádiz hat ein Projekt zur öffentlichen Abdeckung mit WLAN gestartet: **„Cádiz.es WiFi"**. Mehrere Einwählpunkte sind in der Altstadt und an den Stränden außerhalb zu finden, eine Übersicht bietet die Website https://wifi.cadiz.es. Man muss sich einmalig anmelden.

Medizinische Versorgung

Die gesetzlichen Krankenkassen aller EU-Staaten und der Schweiz garantieren eine Behandlung im akuten Krankheitsfall auch in Spanien, wenn die Versorgung nicht bis nach der Rückkehr warten kann. Als Anspruchsnachweis benötigt man die **Europäische Krankenversicherungskarte**, die in der Regel auf die Rückseite der heimischen Gesundheitskarte gedruckt ist.

Im Krankheitsfall besteht ein Anspruch auf ambulante oder stationäre Behandlung nur bei staatlichen **Gesundheitszentren** und in staatlichen **Krankenhäusern.** Ein Facharzt kann nur mit einer Überweisung aufgesucht werden, eine freie Arztwahl besteht nicht. Die Leistungen werden nach den Vorgaben im Ausland abgerechnet, sodass man als Patient eventuell doch aufgefordert werden kann, einen Teil selbst zu tragen. Manche Krankenkassen erstatten diese vorverauslagten Ausgaben dann nachträglich, daher sollte man alle Belege aufbewahren.

Wichtig zu wissen ist auch, dass der **Zahnarztbesuch** nicht im Leistungskatalog der spanischen Sozialversicherung enthalten ist. Um auf der sicheren Seite zu sein, empfiehlt es sich, eine **Auslandskrankenversicherung** abzuschließen.

87 [G4] **Farmacia Catedral (Apotheke),** c/ Compañía 11, geöffnet: Mo–Sa 9–15 u. 17–22 Uhr. Innerstädtische Apotheke mit langen Öffnungszeiten.

88 [cg] **Hospital Universitario Puerta del Mar,** Av. Ana de Viya 21, Tel. 956002100, http://hospitalpuertadelmar.com. Großes Haus mit rund um die Uhr geöffneter Notaufnahme, außerhalb der Altstadt auf dem Isthmus gelegen.

Mit Kindern unterwegs

Cádiz ist eine Stadt der Fußgänger, Cádiz ist auch eine heiße Stadt und eine kunsthistorisch interessante Metropole mit etlichen Museen und Kirchen. Das alles ist eher weniger geeignet, um Kinder zu begeistern. Aber einiges kann man dennoch unternehmen, um beim Nachwuchs keine Langeweile aufkommen zu lassen. Hier einige Vorschläge:

- **Museo del Títere** (s. S. 73): Hier können Kinder in die Welt des Puppentheaters eintauchen und große wie kleine Puppen bestaunen.
- Im **Parque Genovés** 25 gibt es nahe dem Eingang zum Hotel Parador de Cádiz (s. S. 127) einen **Kinderspielplatz.** Hier können die Kleinen für sich sein, spielen und klettern. Im größten Stadtpark von Cádiz können sie außerdem einige Entdeckungen machen, zumal dort ein seltener Drachenbaum wächst.
- **Schiffstour nach El Puerto de Santa María:** Früher schnaufte hier ein Dampfbötchen durch die Bucht von Cádiz hinüber in den Nachbarort, heute befährt ein

Katamaran ziemlich forsch die Strecke. Man kann sich wunderbar den Fahrtwind um die Nase wehen lassen und sich ein wenig wie ein früherer Seemann fühlen, der in die Neue Welt aufbrach. Die Fahrt dauert nur eine knappe halbe Stunde, macht aber sehr viel Spaß (s. S. 57).

› **Strandpause an der Playa de la Caleta** [D4]: Der Stadtstrand ist nur wenige Schritte von der Altstadt entfernt und somit schnell erreichbar. Spektakuläres wird man hier nicht finden, aber der Strand ist ideal für eine kurze Erholung. Die lieben Kleinen buddeln im Sand, die Eltern können sich derweil die Sonne auf den Bauch scheinen lassen. Bei Hunger oder Durst wechselt man rasch ins Lokal an der Schutzmauer (Bar Club Caleta, s. S. 83).

› Im **Turm Torre Tavira** ⓱ wird eine **Camera obscura**, eine Art Lochkamera, betrieben. Mittels spezieller Linsen und reflektierender Spiegel wird ein seitenverkehrtes Bild der Straße eingefangen und auf eine halbrunde Scheibe im Inneren eines abgedunkelten Raumes projiziert. Da staunt der Nachwuchs über abbiegende Autos, durchs Bild fliegende Möwen und vorbeischlendernde Menschen, alles direkt von der Straße eingefangen.

Notfälle

› **Allg. Notruf:** Tel. 112
› **Krankenwagen:** Tel. 061
› **Polizei:** Tel. 091

Polizei

89 [bf] **Policía Nacional,** Av. Andalucía 28, Tel. 956297500, www.policia.es

Kartensperrung

Bei **Verlust der Debit-/Giro-, Kredit- oder SIM-Karte** gibt es für Kartensperrungen eine **deutsche Zentralnummer** (unbedingt vor der Reise klären, ob die eigene Bank bzw. der jeweilige Mobilfunkanbieter diesem Notrufsystem angeschlossen ist). **Aber Achtung:** Mit der telefonischen Sperrung sind die Bezahlkarten zwar für die Bezahlung/Geldabhebung mit der PIN gesperrt, nicht jedoch für das **Lastschriftverfahren mit Unterschrift.** Man sollte daher auf jeden Fall den

Im Strandbereich gibt es Spielplätze für den Nachwuchs

Verlust zusätzlich bei der Polizei zur Anzeige bringen, um gegebenenfalls auftretende Ansprüche zurückweisen zu können.

In **Österreich** und der **Schweiz** gibt es keine zentrale Sperrnummer, daher sollten sich Besitzer von in diesen Ländern ausgestellten Debit- oder Kreditkarten vor der Abreise bei ihrem Kreditinstitut über den zuständigen Sperrnotruf informieren.

Generell sollte man sich immer die **wichtigsten Daten** wie Kartennummer und Ausstellungsdatum **separat notieren,** da diese unter Umständen abgefragt werden.

› **Deutscher Sperrnotruf:** Tel. +49116116 oder Tel. +493040504050
› **Weitere Infos:** www.kartensicherheit.de, www.sperr-notruf.de

Öffnungszeiten

Es gibt keine festen Ladenschlusszeiten, aber durchaus eine generelle Linie:

› **Banken** haben werktags ab 8.30 oder 9 Uhr meist bis 14 Uhr geöffnet, danach nicht mehr. Einige Banken öffnen auch am Samstagvormittag.
› **Geschäfte** öffnen meist um 9 oder 10 Uhr, ab 14 Uhr beginnt aber immer die Mittagspause, dann werden sie geschlossen. Ab 16 oder 17 Uhr öffnen sie erneut bis etwa 20 oder gar bis 21 Uhr. Ausnahmen bilden die großen Kaufhäuser und Einkaufszentren, die durchgehend geöffnet sind.
› **Kirchen** sollten eigentlich den ganzen Tag über geöffnet sein, was aber nur in der Theorie zutrifft. Zu Gottesdiensten kann jeder Besucher hinein, muss sich aber diskret verhalten und sollte nicht „wie ein Tourist" herumlaufen.
› **Museen** sind oft montags und am Sonntagnachmittag geschlossen, allerdings mit Ausnahmen. Manche haben durchgängig ab 9 oder 10 Uhr geöffnet, aber nicht wenige schließen über Mittag.
› **Restaurants** öffnen in der Regel zwischen 13 und 14 Uhr und bieten ein Mittagsmenü an, gegen 16 Uhr schließen sie wieder. Am Abend öffnen sie meist ab 20 Uhr, selten früher, viele sogar noch später.

Post

Briefmarken gibt es nicht nur bei der **Hauptpost,** sondern auch in **Tabakläden,** die schnell übersehen werden können, da sie meist sehr klein sind. Erkennbar sind sie an einem rötlich gehaltenen Schild mit dem gelben Buchstaben T *(tabaco).* Außerdem bekommt man Briefmarken auch an einigen Kiosken, die viele Postkarten verkaufen, dies ist aber eher die Ausnahme.

Eine **Briefmarke** für eine Postkarte nach Deutschland kostet 1,45 € (Stand Herbst 2022).

Briefkästen sind in der Regel gelb und sehen ein wenig aus wie eine mittelgroße Tonne. Sie haben nicht selten zwei Einwurfschlitze, darunter einen für Auslandssendungen *(extranjero).*

KURZ & KNAPP

Kürzel der Wochentage

Öffnungszeiten sind manchmal im Schaufenster der Geschäfte, in Zeitungen oder auf Fahrplänen im Internet mit den abgekürzten Wochentagen angegeben:

L: *(lunes)* Montag
M: *(martes)* Dienstag
X: (miércoles) Mittwoch
J: *(jueves)* Donnerstag
V: *(viernes)* Freitag
S: *(sábado)* Samstag
D: *(domingo)* Sonntag

✉**90** [G3] **Hauptpost (Correos),** Pl. Topete s/n, geöffnet: Mo–Fr 8.30–20.30, Sa 9.30–13 Uhr. Einwurfschlitze für Briefe und Postkarten befinden sich an der linken Gebäudeseite zur Markthalle hin und sind in Zielgebiete unterteilt.

Radfahren

Radfahren gewinnt in Cádiz immer mehr an Bedeutung. An der rund um die Altstadt verlaufenden **Ringstraße** gibt es schon vom Autoverkehr abgetrennte **Radwege,** und, wo noch nicht vorhanden, werden sie gerade gebaut. Die Radwege werden auch zunehmend von Autofahrern respektiert, was war vor einigen Jahren noch völlig anders war. Es sind inzwischen auch deutlich mehr Radfahrer unterwegs, wenngleich es meist die Jüngeren und die Ausländer sind, die in die Pedale treten. Einen stolzen andalusischen *Caballero* wird man wohl schwerlich per Mountainbike ins Büro radeln sehen. Und eine *Señora* fährt nun wirklich nicht mit Tüten und Taschen am Lenker zum Markt.

In der **Altstadt** trifft man eher selten auf Radfahrer, weil es kein Vergnügen ist, durch die schmalen Gassen zu radeln und ständig den Fußgängern auszuweichen. Außerhalb der Altstadt und hinaus zu den **Stränden** (s. S. 49) kann man dagegen ganz wunderbar direkt entlang der Küste radeln. Dieser **Fahrradverleih** ist empfehlenswert:

S**91** [G2] **Las bicis naranjas,** c/ Sagasta 9, Tel. 956907671, WhatsApp: +34608519843, lasbicisnaranjas.com. Der Name ist Programm, das Geschäft verleiht orangefarbene *(naranja)* Fahrräder stunden- oder tageweise (ab 10 € pro Tag). Auch geführte Touren in Angebot (s. S. 123).

056ca-sm

Sicherheit

Ist Cádiz eine unsichere Stadt? Klare Antwort: Nein! Aber dennoch sollte jeder Besucher die elementarsten Grundregeln beachten. Cádiz zieht sehr viele Besucher an und das wiederum lockt auch Gauner in die Stadt. Deswegen sollte niemand zu lässig mit seinen **Wertsachen** umgehen. In der engen Altstadt, einer Warteschlange, einer überfüllten Tapasbar – überall könnte ein geschickter Dieb auf seine Chance lauern. Und leider sind ja auch genügend Touristen leichtsinnig. Unter der heißen Sonne und nach ein, zwei Gläsern Wein lässt schnell mal die Aufmerksamkeit nach, deshalb hier ein paar Verhaltenstipps:

Die Postkarte muss ins Löwenmaul

- **Taschen sichern:** Fotoapparate und Taschen nicht einfach lässig über die Schulter hängen
- **Geldbörse oder Handy:** Beides nicht in die Gesäßtasche stecken, das ist fast schon eine Einladung für Diebe.
- **Zimmersafe:** Falls es im Hotel einen Zimmersafe gibt, diesen nutzen und die wichtigsten Wertsachen dort einschließen. Benötigen Sie den Pass? Die Kreditkarte? Falls nicht, im Safe einschließen.

Sprache

Das in Cádiz gesprochene **Spanisch** ist nicht ganz einfach zu verstehen. Die Andalusier haben einen sehr eigenen **Dialekt**, der selbst für Menschen, die Spanisch gut beherrschen, mitunter etwas schwer zu verstehen ist. Endungen werden gerne verschluckt und die Aussprache hört sich leicht gelispelt an. Auch wird nicht zwischen den Konsonanten c, z und s unterschieden, sie werden alle als stimmloses s gesprochen. Diese Form der Aussprache nennt man *seseo*. Ungeübten Hörern fällt es nicht leicht, beispielsweise *coser* („nähen") und *cocer* („kochen") zu unterscheiden.

Weiterhin wird der Auslaut s entweder ganz verschluckt oder bestenfalls gehaucht. So kann man auf einem Markt vielleicht hören: *„Dame do' kilo' de patata'"* statt *„Dame dos kilos de patatas"* („Gib mir zwei Kilo Kartoffeln"). Außerdem wird ein zwischen zwei Vokalen stehendes d gern verschluckt. Klassische Beispiele dafür sind *tablao* statt *tablado* („Bühne") oder *pescaito* statt *pescadito* („Fischchen").

Gewisse Laute werden etwas weicher gesprochen, z. B. der ch-Laut. So sagen die Menschen für *ocho* („acht") nicht „otscho", sondern etwa „oscho". Oder das viel benutzte *Escucha* („Hör mal") spricht man eher wie „cuscha" aus.

Zumindest untereinander sprechen die Bewohner von Cádiz so, mit Fremden geben sie sich erfahrungsgemäß etwas mehr Mühe und versuchen, so eine Art „Hochspanisch" zu sprechen. Auf jeden Fall sind sie immer hocherfreut, wenn ein Besucher sich auf Spanisch versucht und werden höflich sowie aufmerksam zuhören und auch verständlich antworten.

Englische Sprachkenntnisse können meist nicht erwartet werden. Natürlich sprechen Hotelangestellte Englisch, ebenso alle Menschen, die beruflich mit Touristen in Kontakt kommen, aber die Bedienung in einer Tapasbar eher nicht.

Im Anhang dieses Buches findet sich eine **Sprachhilfe** (s. S. 132), in der Sprachbeispiele und Redewendungen angegeben sind, mit denen man erste Versuche starten kann. Als **praktische Sprachführer** für die Reise eignen sich besonders die Bände der Kauderwelsch-Reihe „Spanisch für Andalusien – Wort für Wort", „Spanisch Slang" und „Spanisch kulinarisch" aus dem Reise Know-How Verlag, zu denen es auch passende Aussprache-Trainer als Download unter www.reise-know-how.de gibt.

Stadttouren

- **City Sightseeing Cádiz (Hop-on-hop-off-Bus):** Die roten Doppeldeckerbusse fahren auch in Cádiz, allerdings nicht durch die Altstadt, sondern einmal außen um die Stadt herum und dann weiter entlang des Strandes Playa de la Victoria [cg]. Der Bus hält an 14 Punkten, von denen man rasch zu den wichtigsten Sehens-

061ca-sm

würdigkeiten gelangt. Fahrzeiten: alle 15 bis 30 Min., tägl. ab 10 Uhr, im Sommer bis 21 Uhr, sonst bis 18 bzw. im Winter bis 17 Uhr. Ticketpreis für zwei Tage: Erw. 20 €, Kinder 7–16 Jahre 10 €, inkl. Audioguide auch in deutscher Sprache. Infos: https://city-sightseeing.com/de/19/cadiz.

- **Kostenlose Stadtführungen** auf Spanisch und Englisch offeriert **Cadizfornia Tours** zweimal täglich (10.30 und 13 Uhr, 2 Std., gegen Trinkgeld!) ab der Plaza de San Juan de Dios ❼. Zur Wahl stehen ferner **Food Tours** mit Tapas und Wein (tägl. 13 und 20 Uhr, ab 29 € aufwärts). Nähere Infos: https://cadizfornia tours.com.
- **Cádiz City Tours** bietet **Stadtführungen mit verschiedenen thematischen Schwerpunkten** in Cádiz („Historische Altstadttour", „Tapas und Wein", „Bastionen, Burgen und Parks") und Jerez de la Frontera (s. S. 58), Dauer jeweils 3 Std., ab 20 €. Weitere Infos: https://cadizcitytours.com.
- **Las bicis naranjas** (s. S. 121) bietet **geführte Radtouren** durch die Stadt (City Bike Tour, 2½ Std., 30 €) und eine „Bike and Surf"-Tour an, bei der man zu guten Surfspots begleitet wird und eine Runde Wellenreiten kann (zweimal tägl., 6 Std., 35 €) Infos: https://lasbicisnaranjas.com/experiences-bike-tours-cadiz.

Telefonieren

Seit 2017 gibt es in der EU **keine Roaminggebühren** mehr. Damit ist das Telefonieren und Surfen mit dem Handy im EU-Ausland so günstig wie zu Hause – es sei denn, man nutzt das Handy im Ausland über einen längeren Zeitraum hinweg, dann können je nach Anbieter Nutzungsobergrenzen gelten.

In Spanien wurden die **Ortsvorwahlen** vor vielen Jahren in die jeweilige Anschlussnummer integriert. Seitdem sind alle spanischen Telefonnummern neunstellig. Eine spezielle Vorwahl gibt es nicht mehr. Die

△ Der Hop-on-hop-off-Bus umrundet die Altstadt von Cádiz

neunstellige Nummer muss immer vollständig gewählt werden, auch bei Ortsgesprächen. Spanische Festnetznummern beginnen mit einer 9 oder teilweise mit einer 8, Handynummern mit einer 6.

Vorwahlen

- **Spanien:** 0034 (dann die neunstellige Teilnehmernummer)
- **Deutschland:** 0049
- **Österreich:** 0043
- **Schweiz:** 0041

Unterkunft

Wer Cádiz besucht, sollte sich ein **Hotel im Zentrum** gönnen, also in der **Altstadt.** So ist es einfacher, abends in die Altstadtgassen einzutauchen, die milde Nachtluft in einem Terrassenlokal zu genießen oder durch die Bars zu ziehen. Direkt im Altstadtbereich findet man überwiegend kleinere Häuser, die nicht so gut per Auto erreichbar sind. Einige besitzen eine eigene **Tiefgarage**, die aber meist recht eng ist. Generell ist es deshalb besser, den Wagen außerhalb der Altstadt zu parken und zu Fuß zum Hotel zu gehen (s. S. 113).

Am **Rande der Altstadt** und direkt am Meer findet sich beispielsweise das Hotel Parador de Cádiz. Das Hotel Monte Puertatierra liegt zwar außerhalb des Stadtkerns, aber relativ altstadtnah. Diese Häuser lassen sich problemlos mit dem Auto ansteuern.

Ein paar Kilometer **außerhalb der Altstadt** gibt es auch größere Hotels direkt am Strand, was für manche Urlauber auch seinen Reiz hat.

Generell werden **Hotels** in fünf Kategorien aufgeteilt und mit Sternen versehen. Die Vergabe erfolgt nach

Preiskategorien

Die Preise gelten für ein Doppelzimmer im Hotel ohne Frühstück.

€	bis 50 €
€€	50–70 €
€€€	70–100 €
€€€€	über 100 €

strengen Regeln, u. a. wird die Größe und die Ausstattung der Zimmer bewertet und auch, ob die Rezeption 24 Stunden besetzt ist oder nur tagsüber.

Unterhalb der Hotelebene existiert die einfachere Unterkunftsform der **Hostales.** Auch diese werden mit ein bis drei Sternen bewertet. Die Übergänge zwischen einem 3-Sterne-Hostal und einem 1-Sterne-Hotel sind fließend. Generell geht es in einem Hostal familiärer zu, man muss sich gelegentlich das Bad mit anderen Gästen teilen und es gibt mitunter auch Mehrbettzimmer. Das ist aber nicht die Regel.

Wer an der Rezeption nach einem **Doppelzimmer** *(habitación doble)* fragt, bekommt oft als Gegenfrage: „*¿Dos camas?*" („Zwei Betten?"). Wer das verneint, erhält eine sogenannte *cama matrimonial,* also ein „Ehebett", womit ein etwas schmaleres Bett gemeint ist, etwa das, was manche als „französisches Bett" kennen.

Hotelzimmer kosten ab 70 € aufwärts. In der Praxis weichen die **Preise** nicht selten erheblich davon ab, beispielsweise an Wochenenden. In den heißen Sommermonaten fallen die Zimmerpreise oft deutlich. Umgekehrt steigen sie während der Karnevals- und der Osterwoche (s. S. 91 u. S. 93) enorm. Diese Sonderpreise erfährt man aber nur bei direkter Anfrage im Hotel übers Internet.

068ca-sm

Die Preise müssen an der Rezeption aushängen, was auch befolgt wird. Sie gelten grundsätzlich für ein Doppelzimmer, **Einzelzimmer** sind nicht so häufig zu finden und werden meist für etwa 70 % des Doppelzimmerpreises angeboten.

Ein **Frühstück** ist nicht immer im Preis inbegriffen. Teilweise werden dafür happige Tarife verlangt. Besser ist es dann, sein Frühstück in der nächstgelegenen Bar einzunehmen.

In der Altstadt

92 [J4] **Casa Caracol** €, c/ Suárez de Salazar 4, Tel. 956261166, https://casacaracolcadiz.com. **Preiswerte Bleibe für Backpacker:** Die Unterkunft ist in einer schmalen Gasse gelegen, genau zwischen zwei Straßen mit vielen Restaurants. Zur Wahl stehen Gemeinschaftszimmer mit Stockbetten, Gemeinschaftsbad und persönlichem kleinen Spind, aber auch Doppelzimmer in einem Nachbarhaus und ein Apartment mit Küchenzeile. Weiterhin gibt es einen Gemein-

Buchungsportale

Neben Buchungsportalen für **Hotels** (z. B. www.booking.com, www.hrs.de oder www.trivago.de) bzw. für **Hostels** (z. B. www.hostelworld.de) gibt es auch Anbieter, bei denen man **Privatunterkünfte** buchen kann. Portale wie www.airbnb.de, www.wimdu.de oder www.9flats.com vermitteln Wohnungen, Zimmer oder auch nur einen Schlafplatz auf einer Couch. Diese oft recht günstigen Übernachtungsmöglichkeiten sind nicht unumstritten, weil manchmal normale Wohnungen gewerblich missbraucht werden. Einige Städte greifen deshalb regulierend ein.

Zentrale Unterkunft am Meer: Das große Hotel Parador de Cádiz (s. S. 127) befindet sich vor einem Park mit Drachenbaum (rechts im Bild)

schaftsraum mit Küche und eine Dachterrasse mit Hängematten. Morgens werden Pancakes und Kaffee serviert.

93 [H3] **Hostal Centro Sol** €€, c/ Manzanares 7, Tel. 956283103, www.hostalcentrosolcadiz.com. **Einfach, zentral und im arabisch-andalusischen Stil:** mitten in der Altstadt, damit auch durchaus in lebhafter Umgebung unweit der Kathedrale gelegenes, kleines Haus. Dekorativ gestalteter Eingangsbereich mit Innenhof, 19 ordentliche Zimmer mit schlichter, aber ausreichender Einrichtung. Einige Zimmer weisen zum inneren Lichtschacht und haben nur ein kleines Fensterchen.

94 [H4] **Hostal Colón** €€€, c/ Marqués de Cádiz 6, Tel. 686002074, www.hostalcolon.es. **Kleines Haus mit schlichten, korrekten Zimmern:** In der sehr zentral gelegenen Unterkunft mit angenehmer Atmosphäre gibt es neun Räume (darunter auch ein Apartment mit Küche) und einen hübsch gekachelten Eingangsbereich, allerdings auch etwas steile Treppen ohne Aufzug. Im vierten Stock steht eine Gemeinschaftsterrasse zur Verfügung.

95 [H2] **Hotel Argantonio** €€€, c/ Argantonio 3, Tel. 956211640, www.hotelargantonio.com. **Stilvoll wohnen in der Altstadt:** Hübsches, kleines Haus aus dem 18. Jh. mitten im Stadtkern, das den Stil und die Einrichtung jener Zeit perfekt mit modernem Komfort kombiniert. Die Zimmer sind unterschiedlich gestaltet, ein Mix aus früheren Kolonialtagen und andalusischem Stil. Oben lädt eine Dachterrasse zum Entspannen ein. Das Haus hat eine eigene Tiefgarage. Leser berichten, dass man die Gäste bittet, den Fahrzeugschlüssel an der Rezeption abzugeben, damit das Auto gegebenenfalls umgeparkt werden kann.

96 [J4] **Hotel Convento Cádiz** €€€, c/ Santo Domingo 2, Tel. 956200738, www.hotelconventocadiz.com. **Übernachten im früheren Kloster:** Die geräumigen und praktisch eingerichteten Zimmer sind um einen großen Innenhof gruppiert, den Kreuzgang eines ehemaligen Dominikanerklosters aus dem 17. Jh. Es gibt DZ, Superior-DZ und Suiten. einen Fitnessbereich und – eher ungewöhnlich – eine Bibliothek zum Büchertausch. Frühstücksbuffet 8–11 Uhr. Außen kein Hinweisschild auf ein Hotel.

97 [G2] **Hotel de Francia y París** €€€, Pl. San Francisco 6, Tel. 956212319, www.hotelfrancia.com. **Direkt am beliebten Altstadtplatz:** Das 3-Sterne-Haus mit 57

Das Hotel Playa Victoria besticht mit seiner Lage direkt am Strand

060ca-sm

Zimmern aus den Anfängen des 20. Jh. ist an einer kleinen Plaza im Stadtzentrum gelegen. Hier gibt es auch viele Bars, es ist also nicht völlig ruhig, ansonsten verläuft hier ein Fußgängerbereich. Gutes Preis-Leistungs-Verhältnis.

98 [H4] **Hotel La Catedral** €€€, Pl. de la Catedral 9, Tel. 956291142, www.hotellacatedral.com. **Vis-à-vis der Kathedrale:** Das kleine Haus steht auf dem Vorplatz des großen Gotteshauses. Im EG befinden sich mehrere Lokale, die Räume nach hinten sind deshalb ruhiger. Es gibt 14 Zimmer, die alle in der Dekoration einen Bezug zu Cádiz und seiner Geschichte haben. Oben gibt es eine kleine Terrasse und einen kleinen Pool mit toller Aussicht auf die Kathedrale.

99 [H2] **Hotel Las Cortes de Cádiz** €€€€, c/ San Francisco 9, Tel. 956220489, www.hotellascortes.com. **Charmantes Haus in der Fußgängerzone:** Das geschmackvoll eingerichtete Haus ist mitten in der Altstadt gelegen. Die nett gestalteten, nicht zu großen Zimmer sind um einen Innenhof angeordnet, oben auf der Dachterrasse gibt es eine Bar und eine Lounge-Ecke mit Sicht auf die Kathedrale.

100 [H3] **Hotel Patagonia Sur** €€€, c/ Cobos 11, Tel. 856174647, https://hotelpatagoniasur.com-hotel.com/de. **Historische Bleibe in der Altstadt:** Schick renoviertes, historisches 3-Sterne-Haus, das keine fünf Minuten von der Kathedrale entfernt ist. Die kleinen Zimmer sind funktional und modern eingerichtet. Teilweise schöner Ausblick auf das Gotteshaus.

101 [E2] **Parador de Cádiz** €€€€, Av. Duque de Nájera 9, Tel. 956226905, www.paradores.es. **Modernes, großes Hotel mit Meerblick:** Das Hotel gehört zur staatlichen Kette Paradores, deren Häuser für gewöhnlich in historischen Gebäuden untergebracht sind. Dieses Haus nicht, es ist ein moderner Zweckbau, der außen dekorativ mit Holz verkleidet ist, wunderbar direkt am Meer gelegen und doch nur einige Schritte von der Altstadt entfernt. Insgesamt besitzt das Hotel 149 gut ausgestattete Zimmer und ein Lokal mit einer aufs Wasser ausgerichteten Terrasse.

102 [H3] **Senator Cádiz Spa Hotel** €€€€, c/ Rubio y Díaz 1, Tel. 956200202, www.playasenator.com. **Wohnen zwischen Altstadt und Hafen:** Das 4-Sterne-Hotel ist in einem ehemaligen Stadtpalast am östlichen Rand der Altstadt untergebracht. Es gibt einen Spa-Bereich und einen kleinen Pool oben auf der Dachterrasse, von wo man auch einen herrlichen Blick über die Dächer von Cádiz genießt. Eigene Garage, in die es mit einem Autofahrstuhl geht.

Außerhalb der Altstadt

103 [bf] **Hotel Monte Puertatierra** €€€€, Av. Andalucía 34, Tel. 956272111, www.hotel-montepuertatierra.com. **Modernes Haus in Laufdistanz zur Altstadt:** Das Hotel ist knapp außerhalb der Altstadt (ca. 15 Min. Fußweg) an der teilweise lauten Hauptzufahrtsstraße zur Altstadt gelegen, daher sind die Zimmer nach hinten vorzuziehen. Großzügige, schicke und modern gehaltene Räumlichkeiten, gutes Frühstücksbuffet, eigene Tiefgarage. Zum Strand sind es ca. 200 m.

104 [cg] **Hotel Playa Victoria** €€€€, Glorieta Ingeniero La Cierva 4, Tel. 956205100, www.palafoxhoteles.com/de/cadiz-hotels/hotel-playa-victoria. **Großes Hotel in direkter Strandlage:** Das Haus ist etwa drei Kilometer außerhalb der Altstadt gelegen, dafür aber unmittelbar am schönen Strand. Es besteht eine direkte Busverbindung in die City mit Stadtbus Nr. 7, der genau vor dem Hotel hält. Zur Wahl stehen 183 modern eingerichtete Zimmer und Suiten mit Balkon, ein Großteil davon hat Meerblick.

Verhaltenstipps

Warum nicht mal so?

- Warum nicht ein paar Brocken **Spanisch** sprechen? Alle werden begeistert sein.
- **Bequeme Schuhe** mitnehmen! Gerne auch leichte Sportschuhe, aber diese eher nicht abends im guten Restaurant anziehen. Da darf es dann doch etwas formeller sein.
- Die Hitze, den Verkehrslärm, die teilweise Hektik unterschätzen viele. Gönnen Sie sich zwischendurch eine **Ruhepause,** beispielsweise am Strand Playa de la Caleta [D4] oder in einem der Parks (Tipps s. S. 90).
- In einer Bar am **Tresen** sein Bierchen zischen oder seinen Wein trinken. Auch Tapas verzehrt man stehend am Tresen. Wer sich an einen Tisch setzt, zahlt mehr, draußen auf der Terrasse erhöht sich der Preis noch einmal.
- Die **Kathedrale** ⓭ ist immer sehr voll. Wenn möglich, ganz **früh** kommen.

So besser nicht!

- Nicht die **Siestazeit** ignorieren. Viele Geschäfte sind geschlossen, auch so manche Sehenswürdigkeit. Besser die drei Stunden zum Verschnaufen im Hotel oder für ein längeres Mittagessen nutzen.
- Nicht zu früh zum **Essen** gehen. Mittags vor 14 Uhr und abends vor 21 Uhr findet man kein „spanisches" Lokal geöffnet. Allerdings haben sich durch die vielen Tagesbesucher mittlerweile die Essenszeiten in etlichen Lokalen im Altstadtzentrum nach vorne verschoben, das Angebot richtet sich dann aber auch gezielt an die ausländischen Besucher.
- Nicht an einen **schon besetzten Tisch** dazusetzen.
- Die Kathedrale oder andere **Kirchen** nicht zu leicht bekleidet besuchen, das gilt nach wie vor als respektlos.

Verkehrsmittel

Bus

Das **Busnetz** wird vom Consorcio Metropolitano de Transportes de la Bahía de Cádiz, kurz CMTBC, betrieben. Die **Altstadt** von Cádiz ist gar nicht so klein und historisch geprägt, mit zumeist schmalen Straßen und Gassen. Das bedeutet, dass Busse praktisch nicht in die Altstadt fahren können, sondern nur **auf der Ringstraße die Altstadt außen umrunden** und dann die Landzunge, den Isthmus, befahren, wo sich die moderne **Neustadt** befindet. Aus diesem Grund sind nur jene zwei Buslinien für Besucher interessant, die zu den **Stränden außerhalb der Altstadt** verkehren, und zwar die **Linien 1 und 7** (Details s. S. 52).

Ein **Einzelticket** kostet 1,10 €, alternativ kauft man eine **10er-Karte** für 7 €. Tickets gibt es beim Busfahrer. Die Website der Betreibergesellschaft ist auch auf Englisch verfügbar und enthält einen **Routenplaner**:

- https://siu.cmtbc.es/en/index.php

Taxi

Taxifahren ist in Cádiz generell noch ziemlich preiswert. Freie Taxis fahren, wie überall in Spanien, mit einem eingeschalteten **grünen Lämpchen** auf dem Dach. Einfach winken und anhalten, ansonsten stehen Taxis sowieso an allen touristisch wichtigen Orten. Man kann ein Taxi auch telefonisch bestellen. Die beiden größten Firmen in Cádiz sind Radiotaxi und Gadetaxi. Daneben ist auch der **Fahrdienstleister** Uber in Cádiz und Umgebung aktiv.

- **Radiotaxi:** Tel. 956212121
- **Gadetaxi:** Tel. 956266868

063ca-sm

Fähre

Es gibt zwei kleine **Fähren,** die durch die **Bucht von Cádiz** pendeln und beide in das Netz der öffentlichen Verkehrsmittel integriert sind. Die eine pendelt zwischen Cádiz und **El Puerto de Santa María** (B-042, Details s. S. 57), die andere zwischen Cádiz und **Rota** (B-065).

› **Infos:** https://siu.cmtbc.es/en/lineas.php (unter „Boat")

Wetter und Reisezeit

Das **Klima** in Cádiz ist im Gegensatz zu anderen großen Städten in Andalusien **vom Meer geprägt.** Die Stadt profitiert deshalb besonders im **Sommer** vom kühlenden Meerwind – zumindest, solange er aus Westen weht.

⌃ *Dieses Fährschiff bringt Gäste nach El Puerto de Santa María (s. S. 54)*

Dann liegen die durchschnittlichen Temperaturen „nur" um die 30 °C, während diese bei Ostwind, wenn die Hitze aus dem andalusischen Hinterland nach Cádiz getragen wird, auf die „üblichen" sommerlichen Spitzen von bis zu 40 °C klettern. Im **Winter** trägt der Seewind Feuchtigkeit in die Stadt und sorgt für kühlere Temperaturen. Insgesamt ist diese Jahreszeit verglichen mit Nordeuropa frühlingshaft und angenehm warm, sie eignet sich gut für eine Reise.

Im jährlichen Mittel liegt die Temperatur bei rund 18 °C. Cádiz verzeichnet etwa **3000 Sonnenstunden,** was auch für Spanien ein hoher Wert ist. Der Wind hat noch einen Nebeneffekt: Er verwirbelt manchmal auch den Sand an den Stränden.

Die Bewohner flüchten im **Hochsommer (Juli/August)** aus der Stadt an die Strände der Küste, aber umgekehrt halten sich auch viele Touristen in Cádiz auf. Einer der Gründe: Viele Hotels betrachten diese Phase als „Nebensaison" und bieten teilweise erstaunlich niedrige Tarife. Wer jedoch empfindlich auf Hitze reagiert, sollte diese Zeit lieber meiden. Zugleich strömen zahllose **Tagestouristen** von den Stränden der nahen Costa de la Luz in die Stadt, bevölkern diese und kehren abends wieder zurück.

In den Monaten **Mai und Juni** pendelt die Durchschnittstemperatur zwischen 19 und 22 °C, in dieser Zeit reisen viele Besucher an. Der **September** misst im Durchschnitt noch 23 °C, aber es gibt weniger Touristen. Im **März/April** findet das große Volksfest, die **Semana Santa** (Osterwoche, s. S. 93), statt – ein beeindruckendes Spektakel, das aber auch hohe Hotelpreise mit sich bringt. Wer trotzdem und gerade deswegen nach Cádiz reisen möchte, muss viele Monate zuvor ein Zimmer reservieren. Ähnliches gilt im **Februar** zur Zeit des **Karnevals** (s. S. 91), der in Cádiz besonders spektakulär gefeiert wird. Im Februar und auch im März regnet es gerne mal, was auch schon Auswirkungen auf den Karneval und die Osterprozessionen hatte.

Die restliche Zeit des Jahres eignet sich aus klimatischer Sicht gut für eine Reise, tiefer als 12 °C (Januar) sinken die Temperaturen zumindest im Durchschnitt nicht. **Regen** fällt etwa um 520 mm im Jahr. Er verteilt sich auf den Zeitraum Oktober bis April, wobei es im Dezember am häufigsten regnet, allerdings statistisch im Mittel lediglich an acht Tagen. Im Sommer regnet es sehr selten, phasenweise wochenlang überhaupt nicht.

Wetter in Cádiz

Durchschnitt	Jan	Febr	März	Apr	Mai	Juni	Juli	Aug	Sept	Okt	Nov	Dez
Maximale Temperatur	15°	16°	18°	20°	22°	25°	27°	28°	27°	23°	19°	16°
Minimale Temperatur	9°	10°	12°	13°	15°	18°	20°	21°	20°	17°	13°	10°
Regentage	9	10	11	6	5	1	0	1	1	7	8	10
Wassertemperatur	14°	14°	15°	16°	17°	18°	19°	19°	18°	18°	17°	15°

> *Eine runde Sache: Durch diesen Torbogen betritt man die Altstadt von Cádiz*

071ca-sm

Kleine Sprachhilfe Spanisch

An dieser Stelle werden ein paar hilfreiche Wörter und Phrasen genannt, die man schnell erlernen kann bzw. auf die keine komplizierte Antwort zu erwarten ist. Das reicht nicht für ein richtiges Gespräch. Deshalb wird der Kauderwelschband Nr. 5 „Spanisch – Wort für Wort" aus diesem Verlag empfohlen. Der Autor erklärt die Sprache und führt den Leser auf leichte Weise in das Spanische ein.

Aussprache und Betonung

- Jedes Wort wird so ausgesprochen, wie es geschrieben ist, d. h., es werden keine Buchstaben zusammengezogen. Beispiel: *bien* (gut) wird wie „bi-en" gesprochen. Einzige Ausnahme: *gue* und *gui*, die werden wie „ge" und „gi" gesprochen. Beispiel: *guerra* (Krieg), gesprochen „gerra".

- „*c*" wird meist weich gesprochen, fast wie ein englisches „th"
  „*c*" wird als „k" gesprochen, wenn „a", „u" oder „o" folgt, z. B. *casa* (Haus), gespr. „kasa"
- „*ch*" wie „tsch", z.B. *mucho* (viel), gespr. „mutscho"
- „*j*" wie „ch", z.B. *Juan*, gespr. „chuan"
- „*ll*" wie „lj", fast wie deutsches „j", z.B. *Mallorca*, gespr. „Maljorka"
- „*ñ*" wie „nj", *España* (Spanien), gespr. „Espanja"

- Grundsätzlich werden die Wörter auf der vorletzten Silbe betont, wenn sie auf einem Vokal (a, e, i, o, u) bzw. auf -n oder -s enden.
- Endet ein Wort mit einem Konsonanten (außer: -n und -s), wird die letzte Silbe betont.
- Abweichungen von dieser Regel zeigen die Akzente an. In diesem Fall wird dann der Buchstabe betont, über dem der Akzent steht.

Spanisch – Deutsch

Höflichkeitsfloskeln

Hola	Hallo!
Buenos días	Guten Tag!
Adiós	Auf Wiedersehen!
Buenas noches	Gute Nacht!
Hasta luego	Bis später!
¿Cómo te llamas?	Wie heißt Du?
Me llamo ...	Ich heiße ...
¿Cómo estás?	Wie geht's?
Muy bien, gracias	Sehr gut, danke.
por favor	bitte
muchas gracias	vielen Dank
de nada	gern geschehen, macht nichts
sí	ja
no	nein
vale	in Ordnung

Wichtige Phrasen

¿Cuánto vale?	Wie teuer ist es?
¿Cómo podría ir a ...?	Wie kann ich nach ... gehen?
¿Dónde está ...?	Wo liegt ...?
¿Qué hora es?	Wie spät ist es?
Estoy buscando ...	Ich suche ...
Necesito ...	Ich benötige ...
Quiero ...	Ich möchte ...
Quería ...	Ich hätte gerne ...
Déme ...	Geben Sie mir ...
¿Tiene ...?	Haben Sie ...?

Allgemeine Zeitbegriffe

ahora	jetzt
tarde	spät
más tarde	später
mañana	morgen
tarde	Nachmittag
noche	Nacht
ayer	gestern
hoy	heute

+++ Die wichtigsten Wörter mit dem Bonus-Audiotrack des Kauderwelsch-

día	Tag
semana	Woche
mes	Monat
año	Jahr

Wochentage

lunes	Montag
martes	Dienstag
miércoles	Mittwoch
jueves	Donnerstag
viernes	Freitag
sábado	Samstag
domingo	Sonntag

Monate

enero	Januar
febrero	Februar
marzo	März
abril	April
mayo	Mai
junio	Juni
julio	Juli
agosto	August
septiembre	September
octubre	Oktober
noviembre	November
diciembre	Dezember

Straßen und Plätze

calle	Straße
plaza	Platz
avenida	Prachtstraße
paseo	Promenade

Touristisch relevante Begriffe

abierto	geöffnet
cerrado	geschlossen
baño	Toilette
hombres	Männer
señoras	Frauen
habitación doble	Doppelzimmer
habitación simple	Einzelzimmer
habitación con baño	Zimmer mit Bad
aeropuerto	Flugplatz
puerto	Hafen
estación de tren	Bahnhof
terminal de autobuses	Busbahnhof
precio	Preis
entrada	Eintritt
billete	Eintrittskarte

Im Restaurant

carta de bebidas	Getränkekarte
carta	Speisekarte
cubierto	Besteck
postre	Nachtisch
menú del día	Tagesmenü
plato del día	Tagesgericht
plato	Teller
primer plato	erster Gang
segundo plato	zweiter Gang

Getränke

botella	Flasche
cerveza	Bier
agua con/sin gas	Wasser mit/ ohne Kohlensäure
vaso	Glas
vino blanco	Weißwein
vino de la casa	Hauswein
vino rosado	Roséwein
vino tinto	Rotwein
vino	Wein

Speisen

aceituna	Olive
ajo	Knoblauch
almeja	Venusmuschel
anguila	Aal
atún	Thunfisch
bacalao	Kabeljau (meist als Stockfisch)
boquerón	Sardine
calabaza	Kürbis
calamar	Tintenfisch
cebolla	Zwiebel
cerdo	Schwein
chuleta	Kotelett
cocido	Fleischeintopf
conejo	Kaninchen
cordero	Lamm
dorada	Goldbrasse
ensalada	Salat
espárrago	Spargel

fresa	Erdbeere
gamba	Garnele
garbanzo	Kichererbse
guisante	Erbse
langosta	Languste
lechuga	grüner Salat
lenguado	Seezunge
limón	Zitrone
manzana	Apfel
mejillón	Miesmuschel
melocotón	Pfirsich
melón	Melone
merluza	Seehecht
naranja	Orange
pan	Brot
pato	Ente
pecho	Brust
pepino	Gurke
pera	Birne
perejil	Petersilie
pescado	Fisch
pimienta	Pfeffer
pimiento	Paprika
piña	Ananas
plátano	Banane
pollo	Hähnchen
potaje	Gemüseeintopf
puchero	Brühe mit Fleisch und kleinen Nudeln
queso	Käse
rape	Seeteufel
sal	Salz
sepia	Tintenfisch
solomillo	Lende
sopa	Suppe
ternera	Kalb
tomate	Tomate
uva	Weintraube
verdura	Gemüse

Zahlen

0	*cero*
1	*uno* (aber: *un kilo, una cerveza*)
2	*dos*
3	*tres*
4	*cuatro*
5	*cinco*
6	*seis*
7	*siete*
8	*ocho*
9	*nueve*
10	*diez*
11	*once*
12	*doce*
13	*trece*
14	*catorce*
15	*quince*
16	*dieciséis*
17	*diecisiete*
18	*dieciocho*
19	*diecinueve*
20	*veinte*
21	*veintiuno*
22	*veintidós*
29	*veintinueve*
30	*treinta*
31	*treinta y uno*
40	*cuarenta*
50	*cincuenta*
60	*sesenta*
70	*setenta*
80	*ochenta*
90	*noventa*
100	*cien*
101	*ciento uno*
102	*ciento dos*
110	*ciento diez*
138	*ciento treinta y ocho*
200	*doscientos*
300	*trescientos*
400	*cuatrocientos*
500	*quinientos*
600	*seiscientos*
700	*setecientos*
800	*ochocientos*
900	*novecientos*
1000	*mil*
2000	*dos mil*
3000	*tres mil*

Die Zahlen ab 1000 aufwärts werden wie im Deutschen gebildet, indem jeweils *mil* angehängt wird.

Register

REISE KNOW-HOW
@ReiseKnowHow
@reiseknowhowverlag
@Reise_KnowHow
auf www.reise-know-how.de
für den Newsletter anmelden
Zugspitze, Foto: Aneta Niemitz

Impressum

Hans-Jürgen Fründt

CityTrip Cádiz mit Jerez de la Frontera

1. Auflage 2023

ISBN 978-3-8317-3656-0

Druck und Bindung:
mediaprint solutions GmbH, Paderborn

Herausgeber: Klaus Werner
Layout: amundo media GmbH (Umschlag, Inhalt), Peter Rump (Umschlag)
Lektorat: amundo media GmbH
Karten: Ingenieurbüro K. Wendler, amundo media GmbH
Anzeigenvertrieb: KV Kommunalverlag GmbH & Co. KG, Alte Landstraße 23, 85521 Ottobrunn, Tel. 089 928096-0, info@kommunal-verlag.de
Kontakt: Osnabrücker Str. 79, 33649 Bielefeld, info@reise-know-how.de

Alle Angaben in diesem Buch sind gewissenhaft geprüft. Preise, Öffnungszeiten usw. können sich jedoch schnell ändern. Für eventuelle Fehler übernehmen Verlag wie Autor keine Haftung.

Bildnachweis

Umschlagvorderseite: ©jjmillan, stock.adobe.com |
Umschlagrückseite: Susanne Muxfeldt | Umschlagklappe rechts: Hans-Jürgen Fründt (der Autor)
Soweit ihre Namen nicht vollständig am Bild vermerkt sind, stehen die Kürzel an den Abbildungen für die folgenden Fotografen, Firmen und Einrichtungen. Hans-Jürgen Fründt: hj | Susanne Muxfeldt: sm | stock.adobe.com: as

Liste der Karteneinträge

Cádiz

Jerez de la Frontera

Hier nicht aufgeführte Nummern liegen außerhalb der abgebildeten Karten. Ihre Lage kann aber wie die von allen Ortsmarken im Buch mithilfe der Web-App angezeigt werden (s. S. 144).

Prachtvolle Prozession anlässlich der Fiesta de la Virgen del Rosario (s. S. 94)

080ca-sm

Cádiz mit PC, Smartphone & Co.

QR-Code auf dem Umschlag scannen oder **www.reise-know-how.de/citytrip/cadiz23** eingeben und die **kostenlose Web-App** aufrufen (Internetverbindung zur Nutzung nötig)!

★**Anzeige der Lage und Satellitenansicht aller** beschriebenen Sehenswürdigkeiten und weiteren Orte
★**Routenführung** vom aktuellen Standort zum gewünschten Ziel
★**Exakter Verlauf** des empfohlenen Stadtspaziergangs
★**Audiotrainer** der wichtigsten Wörter und Redewendungen
★**Updates** nach Redaktionsschluss

GPS-Daten zum Download

Die GPS-Daten aller Ortsmarken und des Spaziergangs können hier geladen werden: www.reise-know-how.de, dann das Buch aufrufen und zur Rubrik „Datenservice" scrollen.

Stadtplan für mobile Geräte

Um den Stadtplan auf Smartphones und Tablets zu nutzen, empfehlen wir die App „Avenza Maps" der Firma Avenza™. Über die Funktion „Store" kann die „Citymap Cadiz 2023" kostenlos geladen werden.

Zeichenerklärung

- Hauptsehenswürdigkeit
- Aussichtspunkt
- Bar, Treffpunkt
- Kneipe, Pub
- Café
- Denkmal
- Fischlokal
- Friedhof
- Galerie
- Geschäft, Kaufhaus, Markt
- Hafen
- Hallenbad
- Hotel, Unterkunft
- Imbiss, Bistro, Tapasbar
- Informationsstelle
- Jugendherberge, Hostel
- Kirche
- Krankenhaus, Apotheke
- Leuchtturm
- Museum
- Musikszene, Disco, Club
- Parkplatz, Parkhaus
- Pension, Hostal
- Polizei
- Post
- Restaurant
- Sehenswürdigkeit
- Sonstiges
- Sporteinrichtung
- Theater
- Vegetarisches Lokal

- Shoppingareal
- Gastro- und Nightlife-Areal
- Stadtspaziergang (s. S. 12)